图书馆情报学理论研究

陈 峥◎著

吉林出版集团股份有限公司
全国百佳图书出版单位

图书在版编目（CIP）数据

图书馆情报学理论研究 / 陈峥著. -- 长春 : 吉林出版集团股份有限公司, 2023.7
ISBN 978-7-5731-3969-6

Ⅰ. ①图… Ⅱ. ①陈… Ⅲ. ①图书馆学②情报学 Ⅳ. ①G250

中国国家版本馆CIP数据核字(2023)第140928号

图书馆情报学理论研究

TUSHUGUAN QINGBAOXUE LILUN YANJIU

著　　者　陈　峥
出 版 人　吴　强
责任编辑　蔡宏浩
助理编辑　崔雅轩
开　　本　787 mm × 1092 mm　1/16
印　　张　9
字　　数　160千字
版　　次　2023年7月第1版
印　　次　2023年9月第1次印刷

出　　版　吉林出版集团股份有限公司
发　　行　吉林音像出版社有限责任公司
（吉林省长春市南关区福祉大路5788号）
电　　话　0431-81629679
印　　刷　吉林省信诚印刷有限公司

ISBN 978-7-5731-3969-6　　定　价 50.00元

前 言

图书馆学的科学是研究图书馆的发生发展、组织管理，以及图书馆工作规律的科学，其目的是总结图书馆工作和图书馆事业的实践经验，是一门以推动图书馆事业发展，提高图书馆在人类社会进步中的地位和作用的科学。随着社会和科学技术的进步，特别是人类对信息、文献交流的需要日益增强，图书馆学的研究和应用的前景将更加广阔。情报学是一门研究情报的产生、构成处理、储存、查找、传播、收集，以及利用规律的科学。情报学的内容包括情报学基础、科学文献检索和主题法三个部分。

本书的主要内容包括：介绍数据、信息、知识、文献、作品等核心概念，图书馆信息职业、图书馆情报学及其发展历程，以及保障信息查询的组织整理技术、保障信息获取的基础设施、制度安排等内容。本书可供图书馆专业人员学习参考。

目 录

第一章 图书馆情报学的概念

第一节 图书馆情报学的含义

图书馆情报学形成于20世纪70年代，由原来的图书馆学和新兴的情报学融合而成。因此，要真正理解图书馆情报学及其学科体系，还需要了解它之前的图书馆学和情报学及其融合基础。

一、20世纪70年代以前的图书馆学

（一）图书馆学的孕育：19世纪之前

人类很早就开始通过专门的文献收集、整理、保管等活动保障信息的有效查询与获取。图书馆是集中开展这类活动的最古老机构。它也因此完整见证了人类围绕信息交流、信息查询和信息获取而取得的几乎所有文明成果，包括造纸技术、印刷技术、计算机技术、网络技术的发明以及科技期刊、报纸数字化文献等各类文献形式的问世。

随着信息技术的发展，人类通过图书馆保障信息查询与获取的技艺也日趋复杂。特别是在馆藏的“利用”能够抗衡“收藏”的重要性的时候，图书馆员在日常工作中所面临的问题，如技术问题、经济问题、职业伦理问题等就更加复杂。

在长期的工作实践中，很多图书馆和图书馆员都在保障信息查询与获取两个方面积累了丰富的经验，有些还对自己的经验进行了总结。最早的经验积累来自历史上存在过的几所著名图书馆。据史书记载，公元前几百年在尼罗河流域、

两河流域和我国都出现过著名的图书馆。这些图书馆已经开始采用颇为复杂的工作流程和方法收集与整理文献，供人们查询获取。其中，最著名的当属古埃及的亚历山大图书馆。亚历山大图书馆是埃及托勒密王朝时代建设的图书馆，大约存在于公元前3世纪至公元3世纪之间。相传托勒密几代国王都十分注重亚历山大图书馆的文献收集，曾专门差人到各国采集文献，从而使亚历山大图书馆成为当时藏书最丰富的图书馆。与此同时，由于藏书丰富，亚历山大图书馆还采用了相当复杂的手段辅助馆藏查询。首先是通过分类排列图书辅助查询。其次是通过图书馆目录辅助查询。用今天的话语来评价亚历山大图书馆，它已经具有强大的保障信息查询与获取的能力，积累了保障信息查询与获取的重要经验。

早期保障信息查询的技术还来自图书馆之外的各种文献组织整理工作，特别是国家书目的编制工作和经典文献的索引编制工作。我国国家书目的编制工作起源于汉代。公元202年成立的汉王朝“改秦之败，大收篇籍，广开献书之路”，先后在全国开展了三次大规模的图书收集活动。至汉成帝时，国家藏书已“积如山丘”。汉成帝命学者刘向、刘歆父子整理藏书，包括备众本、删重复、订脱误、谨编次、撰书录五项，开国家藏书系统整理之先河。这次文献整理工作产生了一繁一简两部目录，分别命名为《别录》和《七略》。其中，《七略》已经采用了非常系统的分类方法，将所有图书分为6个大类、38种、634家，共著录图书13397卷，是我国最早的综合性群书分类目录。西汉以后，我国历代王朝都注重编纂当朝国家书目。

随着图书馆内外文献组织整理经验的积累，有关图书馆及文献整理工作的专门著述开始出现。这些著述成为图书馆学著作的雏形。其中，有关文献整理经验的著述繁多。我国几乎每个朝代的文献整理工作都伴随着相关经验的总结，很多学者也把梳理文献典籍作为治学之道，并为此著书立说，因此产生了大量文献整理方面的著述。今天我们通常把这类著述称为古典目录学著作。

（二）图书馆学的孕育：19世纪至20世纪初

19世纪无疑是图书馆学加快孕育的时期，出现了很多值得纪念的里程碑式事件。首先是图书馆学概念的提出。“图书馆学”于19世纪初由德国图书馆活动家施莱廷格提出。施莱廷格有 40 余年从事图书馆工作的经验。他将自己从事图书馆工作的经验整理为系统的著述，详细地总结了自己在图书收集、分类、编目等方面的经验，而且尝试定义了他提出的图书馆学的概念，认为图书馆学是“图书馆实施有目的地组织所需要的理论准则的概括”。施莱廷格对图书馆学的定义表明，他已经意识到图书馆业务需要专门的知识体系，是专业化职业意识和学科意识觉醒的双重表现。正因为如此，很多图书馆学史著作都将图书馆学的形成时间追溯到这一时刻。

19 世纪还见证了图书馆藏书组织整理技术的迅速发展。这一时期，欧美的很多国家图书馆、大学图书馆都开始采用比较复杂的藏书组织整理技术。至 19 世纪后半叶，有些图书馆技术已经达到相当复杂的程度。例如，在分类技术方面，当时已有《杜威十进分类法》（简称 DDC）这样复杂、实用的分类体系；在图书馆目录方面，已有卡特提出的系统、完整的目录编制规则。这些技术都对后来的图书馆职业乃至整个人类文明产生了非常深远的影响（本书的后续章节将比较详细地介绍这些技术）。其中，杜威分类技术和卡特编目技术依然是现今图书馆情报学知识体系的重要组成部分。

1876 年，以美国图书馆协会的成立为标志，图书馆职业作为现代专业化职业宣告形成。为适应这个新职业对人才的需要，在美国、俄国、意大利等国，都出现了对图书馆员进行培训的活动。例如，在美国，杜威就曾多次在其任职的图书馆举办馆员培训班。美国图书馆协会成立之后，他又多方呼吁建立专门的图书馆学校。1887 年，世界上第一所图书馆学院终于在哥伦比亚大学建立。此后，美国各地出现了很多类似的学院，到 1919 年，已有 10 多所比较正规的图书馆学院。这些学院有的设在大学，有的设在技术学院，有的设在公共图书馆，但其培训内容大都模仿哥伦比亚大学图书馆管理学院。这些培训项目与图书馆员之间的经验交流一起为现代图书馆学的诞生奠定了基础。

随着图书馆学教育的发展，以哥伦比亚大学图书馆管理学院为范本的人才培养模式渐渐暴露出不足。1928 年，图书馆学研究生院在芝加哥大学成立，与以往的图书馆学院不同，芝加哥大学图书馆学研究生院以研究为主，只招收研究生。

从很大意义上可以说芝加哥大学重新打造了正在孕育中的图书馆学，使它作为现代科学分支的地位得以确立。

（三）现代图书馆学的形成

在人类语言中，“科学”一词可以有很多含义，但在讨论一个学科成立的标志或标准时，美国知识经济学者马克鲁普的定义比较适用。马克鲁普指出：“科学是通过一定方法形成的、关于一个正统或经验领域、自然或文化领域的系统的、连贯的知识体系，它必须满足以下条件：①以经得起检验的诚实的、认真的研究为基础，并且具有非专业人员难以理喻的见解；②它是为了探索知识或一般实践而形成的，而不是为了特定情景下的即时应用而形成的。”

这个定义揭示了科学的若干基本特征：首先，构成“科学”的基本成分是知识，它既不是个人的观点，也不是事实的堆砌，更不是单纯的消息报道，而是具有一定抽象性、规律性和洞察力的认识。其次，科学由关于确定领域的、彼此关联的知识组成，是具有一定内在结构的体系；科学研究活动虽然经常表现为个人或团体的行为，但是其结果却构成整个学科体系的组成部分。最后，科学需以正规、可靠的方法为基础，这些方法一般需要经过严格的、较长时间的训练才能掌握，因而科学研究一般由相对少数的专业人员承担。

如果根据上述“科学”的含义来理解作为科学分支的图书馆学，其“科学”特征确实是在芝加哥大学图书馆学研究生院成立之后才逐渐完备的。在此之前，图书馆虽然已有几千年历史，但是关于图书馆的认识长期停留于对具体工作方法、经验和个人观点的描述。把图书馆活动当成一种社会实践加以科学研究，始于芝加哥大学。

第一，芝加哥大学图书馆学研究生院第一次明确提出，图书馆活动是一个重要的社会实践领域，应该成为整个社会科学研究对象的重要组成部分。学院教授之一巴特勒谈图书馆学在整个社会科学体系中的位置，“我们对人类社会的理解必须包括对这一社会要素在社会生活中作用的理解。因而图书馆事业是社会科学研究的众多现象的组成部分”。第二，芝加哥大学图书馆学研究生院的成立改变了过去技校式的图书馆学教育，使图书馆学教育开始按专业化职业的教育模式来组织，既注重实践技能的培养，也注重理论的培养。在芝加哥大学图书馆学研究生院看来，“理论”是指那些通过对经验数据的分析和概括而形成的、可以按一定程序被经验数据检验的科学发现，而这样的理论是此前的图书馆职业和图书馆学所缺乏的。巴特勒曾尖锐地批评以前的图书馆专业人员对理论建设的漠然：“与其他社会活动领域的专业人员相比，图书馆员对自己职业的理论方面充满了令人费解的冷漠。对于那种驱使现代人将自己的探索汇入人类生活主流的好奇心，图书馆员似乎天生缺乏。”第三，芝加哥大学图书馆学研究生院为图书馆学引进了正规的社会科学研究方法。当时的芝加哥大学是美国乃至世界上著名的实证主义方法论应用基地。实证主义方法论的基本模式是根据已有的理论提出假设、确定变量、收集数据、证实或否定假设、肯定或发展已有理论。这是一种从自然科学移植过来的研究模式，其目标是获得可验证的普遍规律。学院的创院教师之一韦普尔斯就是这种方法的传道者，他不仅按实证主义方法论研究阅读现象，提出了许多可以指导图书馆实践的阅读行为规律，而且还严格训练他的学生采用同样的方法，为 20 世纪 40 年代—60 年代的美国图书馆学培养了一大批训练有素的实证主义研究者。图书馆学研究方法的“科学化”在图书馆学领域开创了崭新的研究风气，使图书馆学的研究活动得以按科学研究的规范进行。第四，为了给科学的图书馆学研究活动提供交流平台，芝加哥大学创办了世界第一份图书馆学研究刊物《图书馆季刊》。《图书馆季刊》与 1876 年创刊的《图书馆杂志》不同，它以报道图书馆学研究发现为核心内容，较少涉及职业实践动态。如果说《图书馆杂志》是图书馆职业作为专业化职业的首个交流媒介，《图书馆季刊》则是图书馆学作为现代科学分支的首个交流媒介。由于芝加哥大学图书馆学研究生院的贡献，它成为世界图书馆学发展史上一个当之无愧的里程碑，也标志着作为现代科学的图书馆学在世界范围的诞生。

（四）图书馆学的发展

从现代图书馆学形成到 20 世纪 70 年代它与情报学融合前夕，西方图书馆学经历了一段稳步发展的时期，产生了若干比较公认的领袖人物、相对集中的研究领域和研究内容，采用了相对一致的研究视角和方法。

这一时期最有影响力的图书馆学家是巴特勒、谢拉和阮冈纳赞。巴特勒是芝加哥图书馆学研究生院的首批教师之一，他对图书馆学的最杰出贡献在于参与领导了图书馆学的“科学化”，他不仅令人信服地证明图书馆学是当代社会科学不可或缺的分支，承担着为图书馆职业创新知识的使命，而且界定了图书馆学的研究视角和研究方法。他认为图书馆学的研究视角应该是由社会学、历史学等构成的社会科学视角；图书馆学的研究方法应该遵循一般社会科学的研究规范，这在当时主要是仿照自然科学的实证研究规范：“图书馆学只有从根本上遵循现代科学的思维方法才能成为科学。它所有的知识总结都应该从客观现象开始。这些现象应该通过严谨的科学观察法仔细观察，使要素得以明晰，要素的功能得以确定。要采用一切可能的手段来分离［被观察的］活动并获得它们的定量测度。”这些思想奠定了这一时期图书馆学的基本模式。

谢拉是芝加哥大学的毕业生，也是图书馆学发展史上最有影响力的人物之一。他对图书馆学的最主要贡献，是吸收了新生的情报学的成果，明确了图书馆作为社会交流系统组成部分的性质，并以对交流过程的关注弥补了以往图书馆学局限于图书馆这一机构的不足，促成了图书馆学与情报学的融合；二是提出了社会认识论的概念框架，他设想的社会认识论主要关注社会作为整体如何获得、积累和利用知识，就像经济学关注社会作为整体如何生产、积累和消费物质产品以弥补传统认识论局限于个体认识过程的不足。谢拉曾希望社会认识论发展为系统的学说并为图书馆学提供理论基础。尽管社会认识论的发展并未如他所愿，却促使人们开始关注图书馆学的理论基础问题。

就研究领域和内容而言，这时期的图书馆学把图书馆视作沟通人类知识记录及其利用者的社会设施，探索与这一功能相关的理论和技术。阅读行为、图书馆管理、图书分类编目、藏书建设、图书馆史等都是这一时期的核心研究内容。阅读行为研究主要考察人们的阅读兴趣、阅读量、图书馆利用率差异及其影响因素、阅读兴趣与实际阅读材料之间的关系等问题。20 世纪 30 年代—40 年代，阅读行为研究曾是芝加哥大学图书馆学研究生院一道亮丽的风景线，在韦普尔斯等人的领导下，学院承担了一批又一批关于阅读行为的研究课题，用大量的社会调查数据，细致地分析了影响阅读兴趣和行为的各种因素。图书馆管理研究是把图书馆视作一个组织，考察其财务、人事、行政、组织结构绩效等要素的有效管理，旨在通过改善组织管理提高组织绩效。

就研究视角和方法而言，这时期的西方图书馆学基本上采用社会科学视角。这种视角的基本特征是把图书馆看成对个人和社会具有重要价值的社会机构，把图书馆活动看成人类社会实践的一部分，把图书馆的发展看成与社会整体的发展密不可分的过程。对于这种视角，谢拉有过精辟的表述：“很明显，图书馆是一种社会部门，在社会中起着媒介作用。它过去是，现在仍然是受社会环境的影响和制约的。社会是图书馆的支柱，反过来，图书馆必须满足社会的要求并对其负有责任。因此，要了解图书馆的过去、现在和将来，我们必须首先了解社会性质本身以及支配这个社会的文化和价值体系。”在研究方法方面，这时期的图书馆学除了采用历史方法以外，主要采用从自然科学模仿来的定量研究思路（实证主义思路）。这种思路的推广受到当时整个社会科学实证主义思潮的影响和图书馆学内部韦普尔斯及其学生的推动。美国学者哈里斯在评价这一研究传统的影响时说：“必须指出的是，自 30 年代以后，采用这种新的实证主义方法的图书馆专业人员是一组为数甚少的精英……但是，由于他们占据着今天美国绝大多数图书馆学院的教学位置，又生产着美国绝大多数图书馆学研究成果，他们的影响是非常显著的。”

我国现代图书馆学开始于 20 世纪初。1929 年，即芝加哥大学图书馆学研究生院成立后的第二年，武昌文华大学图书科独立为武昌文华图书馆学专科学校。学校按中西结合的原则办学，西方影响主要来自美国。

从 20 世纪 30 年代末至 40 年代末，我国图书馆学研究基本上处于停滞状态。从 20 世纪 50 年代初至 60 年代，我国再次出现了大批图书馆学学者和著述，这是一种重意识形态轻研究方法的研究。我国学者黄纯元称其为“泛政治化”研究。

（五）20 世纪 70 年代以前的图书馆学反思

20 世纪 20 年代末创办的芝加哥大学图书馆学研究生院在很多方面为 20 世纪 20 年代—70 年代的图书馆学奠定了基调，其基调之一就是将图书馆学视为关于图书馆这一社会机构的学问：“我们对人类社会的理解必须包括对这一社会要素在社会生活中作用的理解。”因此，20 世纪 70 年代以前的大部分时间里，图书馆学都将自身界定为一门关于图书馆的学问，同时将图书馆理解为社会机构之一。与此相适应，这个学科无论对信息有效查询的关注，还是对信息有效获取的关注，都受到图书馆这一机构视野的限制。在保障信息有效查询方面，图书馆学主要研究馆藏图书的组织整理技术；在保障信息有效获取方面，图书馆学主要关注图书馆及其馆藏的利用、图书馆内部服务和管理、图书馆用户的行为特征等。

上述视野的局限性，从多个方面限制了图书馆学对信息有效查询与获取的支撑能力。首先，即使是在图书馆利用率相当高的社会里，依然存在大量不利用图书馆的用户，图书馆学所提供的信息查询与获取技术与这一人群的福祉毫无关系。其次，在人类社会发展史上，图书馆机构之外始终存在一支从事信息组织整理的力量（如国家书目和个人治学目录的编纂者、各类索引编制者）；17 世纪后，随着科学文献的增长，特别是科学论文数量的增长，这支力量日益壮大。由于图书馆学主要关注图书馆活动，其知识体系对这支力量影响很小。再次，20 世纪 70 年代以前的图书馆，除专业图书馆外，大都以图书为加工处理单位。这样的组织整理深度对于更依赖论文的群体来说，根本无法满足需要。

可以说，正是图书馆学的上述先天性局限，为其他群体参与解决信息查询与获取问题提供了空间。20 世纪初至 70 年代，在被图书馆学忽略的空间上，情报学逐渐得以发展起来。

二、20 世纪 70 年代以前的情报学

（一）文献工作和文献学：19 世纪末至 20 世纪 30 年代

情报学的起源可以追溯到 19 世纪末 20 世纪初的文献工作和文献学。19 世纪末，随着科学文献的增长，图书馆学在解决信息查询问题特别是科学研究信息的查询问题方面，越来越显示出不足：最新的科技成果大都以期刊论文、会议论文、研究报告、专利等非书形式出现，但卡特和杜威的查询技术却是为图书而设计，不善应对日益复杂的科学研究信息查询需求。不满足于现状的科学家团体没有等待图书馆学在这个问题上自我完善，而是分流出一部分科学家专门研究和实施科学研究信息的组织整理。1935 年，首届国际文献学大会在哥本哈根召开，表明这支“非图书馆学”力量已初具规模。

文献学的经典定义来自英国文献学家布拉德福。布拉德福将文献学定义为收集、分类人类所有智力活动的记录并使之易于获取的艺术。由此可见，文献工作和文献学的核心目标是保障科学研究信息的查询与获取。这样的文献学显然与图书馆学共享使命或宗旨，这导致文献工作与图书馆工作、文献学与图书馆学从一开始就很难区分。然而，20 世纪初的文献学还是走了一条与图书馆学并行而非融合的道路。图书馆学在保障信息查询与获取方面的局限，客观上为文献学的独立发展提供了空间，而早期的文献学家大都是从科学共同体分流出来的科学家，对图书馆员及其知识体系缺乏主观认同，他们更倾向于在图书馆学之外另辟蹊径，而不是投身图书馆学，对其进行完善。其结果是，文献学一开始就与图书馆学表现出不同的视野与旨趣。首先，文献学完全不受图书馆这一机构视野的限制，它关注任何地方存在的任何信息；其次，文献学关注的信息组织整理对象不限于图书所记载的较大篇幅的作品，也包括期刊论文、论文集论文、专利等短小作品；再次，为了保证对任何细小作品的查询效率，文献学比图书馆学更关注机械化和自动化信息查询技术（后来称为信息检索技术）的研发。为了支持自身的交流活动，文献学家不仅成立了自己的学会，还创办了自己的刊物。

（二）信息储存与检索：20 世纪 40 年代—50 年代

20 世纪 20 年代以后，由于科学研究信息的查询需求日益强烈，科学共同体在保障信息查询与获取方面也加大了研究力度。1945 年，美国科学家布什提出了智能化信息检索的设想。1948 年，英国皇家学会为改善科学研究信息的查询与获取，在伦敦召开了专门会议。会议的中心议题包括知识创新成果的出版、文摘和索引工作、文献分类工作、机械化索引技术（包括缩微胶卷选择器技术、穿孔卡片技术等）、图书馆服务；其中与信息查询相关的内容占据了核心位置。与此同时，各国政府也相继支持了一大批服务于信息查询的研究项目。1951 年，美国科学家莫尔斯开始将这类研究称为信息检索，此后，从科学共同体分流出来的科学家们开始大规模地研究信息检索技术，以至于 20 世纪 50 年代 -60 年代，信息储存与检索几乎取代文献学成为这个新兴领域的名称。这段时间，有关信息存储与检索的研究大大突破了图书馆学的关注范围和技术水平，极大地提高了社会保障信息有效查询的能力，也奠定了情报学在保障信息有效查询方面的优势地位。与此同时，这批从科学共同体分流出来的学者也开始关注其科学家同行的信息需求和阅读行为，为后来的信息行为研究奠定了基础。

（三）情报学名称及研究对象的确立：20 世纪 50 年代末至 60 年代

如前所述，早期文献学家大都是其他领域分流出来的科学家。1953 年，英国学者法拉丹开始用情报科学家称呼这些学者，意谓从事信息工作或研究的科学家们。1955 年，他开始用情报学概念描述他所从事的研究领域。1958 年，法拉丹等人领导成立了英国的“情报科学家协会”。此后，情报学作为这个领域的名称开始获得越来越多的认可。

1968 年，美国文献学会更名为美国情报学会，在学会成立的同时，也给出了情报学的“官方”定义：情报学研究信息的特征和表现、信息流的决定力量以及为保证信息最大获取和利用而采取的信息处理技术；它的知识体系关乎信息的生产、收集、组织、储存、检索、解释、传递、转化和利用。以上述变化及情报学定义的提出为标志，情报学在 20 世纪 60 年代末最终确立起来。

三、20 世纪 70 年代以后的图书馆情报学

（一）图书馆学与情报学的融合

虽然从表面上看，图书馆学和情报学在 20 世纪 70 年代以前的自我认知确有不同——情报学自认为研究信息、信息流动、信息处理技术，图书馆学自认为研究图书馆这一机构；但从它们各自的历史和研究兴趣来看，它们显然共享终极目标或基本问题：支持各自的实践人员保障社会成员的信息查询与获取。不妨这样描述这两个学科在当时的异同：情报学试图通过研究信息、信息流动和信息技术支持信息有效查询与获取；图书馆学则试图通过研究图书馆的运行机理支持信息有效查询与获取。从它们共同的终极目标来看，它们表面上的区别事实上暴露了各自的缺陷：①情报学的自大。自以为可以不去理解图书馆这一悠久的信息查询与获取平台就可以保障信息查询与获取；②图书馆学的狭隘。自以为只要理解了图书馆的运行机理就能保障信息查询与获取。由于科学共同

体主要按基本问题划分学科界限，两个共享基本问题的学科不可能长期共存，70 年代的图书馆学和情报学的明智之举就是走向融合。其实对于情报学的孕育过程，图书馆学不乏关注的目光。20 世纪 50 年代，图书馆学家谢拉就呼吁图书馆学关注这个新兴领域。20 世纪 60 年代—70 年代，一些美国图书馆学院开设情报学课程，并将学院名称更改为图书馆情报学院，实现了图书馆学与情报学在教育平台上的融合。随后，这两个学科的研究与交流平台也开始融合，这不仅表现为期刊内容的交叉重叠，而且表现为期刊名称的变化。

（二）融贯的图书馆情报学的知识体系

融合后的图书馆情报学开始突破机构视野限制，转而从整个社会交流系统的高度，考察保障信息有效查询与有效获取的一般问题，并形成了与此相对应的核心知识体系：服务于信息查询的知识分支和服务于信息获取的知识分支；每一分支又按其对应的问题的性质分为哲学、理论、技术或方法三个层次。

在保障信息的有效查询方面，图书馆情报学首先要研究信息组织整理技术，包括但不限于信息属性的分析和描述技术及信息检索系统的设计技术；其次要研究信息查询行为，包括但不限于个人查询信息的行为模式、认知特征、信息相关性的判断依据等；再次要研究信息组织整理的认识论基础，包括但不限于不同学科的认识论传统、不同认识论立场对信息组织整理技术的影响等。

在保障信息的有效获取方面，图书馆情报学首先要考察保障信息获取的平台（主要是各种形态的图书馆）的建设，包括但不限于图书馆的功能设计、文献资源体系建设、服务设计等；其次要考察保障信息获取的其他条件，如信息基础设施、政策技术、社会交流系统等；再次要考察信息的运动与分布规律（包括信息在各类信息源中的分布规律和社会结构中的分布规律）及信息用户的行为规律；最后要考察信息获取的认识论与伦理学基础。

总之，围绕着信息查询与信息获取这两大基本问题，融合后的图书馆情报学涵盖两大核心领域。这两大领域加上历史研究（机构史、职业史、学科史）、教育研究以及交叉学科问题研究等，就构成了图书馆情报学的主要研究内容。在这里，图书馆相关问题（如运作、管理、利用）依然非常重要，但它只是图书馆情报学一般问题的组成部分，其相关知识也只是图书馆情报学知识体系的组成部分。

（三）融贯的图书馆情报学的视角、方法与学者群

如前所述，在走向融合之前，图书馆学是一个高度人文和社会科学化的学科，而情报学特别是 20 世纪 50 年代—60 年代兴起的信息储存和检索研究，则融入了相当比例的技术成分。在融合过程中，它们分别带入了自己的视角，从而使图书馆情报学出现了人文、社科、技术视角并存的局面。事实证明，多元化视角对图书馆情报学的发展具有双重影响。一方面，它使图书馆情报学能够广泛而灵活地参与信息社会的很多重大问题的研究：既是技术创新（如数字图书馆技术、互联网技术）的重要力量，也是社会变革（如社会信息化、信息政策）的重要力量。另一方面，图书馆情报学内部技术与人文的冲突也时有发生。这或许正是为什么图书馆学和情报学始终各自保留一块“原住民区”，而没有达到百分百融合的原因。

图书馆情报学融合之时，整个社会科学领域正在针对实证主义方法论的适用性开展辩论。截至那时，实证主义方法论一直是整个社会科学的主导思路。追随法国哲学家孔德的信念，实证主义社会科学家相信，唯有自然科学式的研究（主要是基于实验和社会调查的定量研究）才能发现人类社会的规律；这样的研究要求研究者像自然科学家一样，在研究中保持客观、中立，独立于被研究对象之外。到 20 世纪 60 年代，很多社会科学家发现，这种所谓的客观、中立立场在社会科学领域既不可能也不适用。著名英国社会学家吉登斯（Anthony Giddens）曾形象地描述这种反思：“那些寻求牛顿式社会科学的学者很快发现，他们不只是在等待一列不会到来的火车，他们根本就是站错了站台。”方法论反思，使整个社会科学领域放松了对实证主义方法论的迷信，赋予各类定性方法（也称质化方法）同样合法的地位。在图书馆情报学领域，定性方法也开始得到广泛应用，在有些分支领域（如信息行为研究），它甚至成为主导方法。

第二节 图书馆情报学的定位

一、信息社会

20 世纪 70 年代，图书馆学与情报学走向融合，信息在经济社会发展中的地位也迅速攀升。20 世纪 60 年代—70 年代，西方多位经济学家和社会学家先后提出了“知识经济社会”“信息社会”“后工业社会”等概念，用来指代西方国家正在开始的新社会形态，并将这一形态与农业社会、工业社会一起，视为人类社会发展的三个阶段。尽管表述方式各异，但这些概念表达的共同思想就是：西方发达国家已经进入以信息作为战略资源的社会。在这样的社会中，信息取代土地、矿产等有形资源，成为经济社会发展的首要资源；以计算机、微电子和通信技术为主要内容的现代信息技术成为最具战略意义的技术领域；围绕信息及信息技术的生产、传播 / 扩散、利用而形成的信息产业则成为这些国家最具战略地位的产业，其产值超过其他经济部门；与此相适应，劳动力结构也已发生变化，从事信息职业的人数比例高于其他职业的人数；知识特别是理论知识，成为行动、决策、制度的主要支撑；由各类通信设施构成的信息高速公路取代物理意义的高速公路，成为最重要的基础设施。20 世纪 80 年代以后，越来越多的学者选用“信息社会”概念表达这个新的社会发展阶段。

二、信息的资源价值及其管理

信息作为意义和数据的结合体，具有内在的通报功能。这意味着信息对认知、交流、决策等活动具有天然的价值。从这个意义上说，信息从来就是人类社会发展的重要资源。然而，信息社会话语体系中的“信息资源价值”却并非指其天然的通报和认知价值，而是指特定生产方式和经济社会发展战略所赋予它的资产价值，即它取代土地、矿产等物质资源，对经济增长产生的价值以及它对政府、企业等组织的运行效率而产生的资产价值。

在这种新的信息资源观影响下，越来越多的企业和政府部门开始把信息作为组织的资产而加以管理和开发。事实上，企业界早在20世纪70年代以前就已经存在文书工作和图书馆工作等信息业务。但当时的信息业务主要是保障企业的研发人员管理人员和专业技术人员的信息查询与获取，其对信息价值的理解并未超越信息的内在通报价值。然而，20世纪70年代以后，企业信息资源管理则是把信息视作与资本、人力、材料等同等重要的企业资产，把它纳入了资产管理的范畴，试图通过设置信息主管、知识主管等管理岗位，借助管理信息系统的支持，使信息利用渗透所有环节并直接转化为企业的竞争力。竞争情报和知识管理便是在新的信息资源观下出现的典型的信息资源管理活动。竞争情报主要通过对企业环境和竞争对手的信息收集、处理与分析，为企业自身的决策提供支持，在知己知彼的前提下提升企业自身的竞争能力。知识管理则旨在通过挖掘、整合并在企业内部共享知识（特别是员工身上蕴含的经验与知识），提高企业竞争力。

除了企业，将信息视为资产而加以系统管理的另一类组织是政府。在现代社会中，政府的日常活动产生着大量信息。这些信息的生产、保管、公开、处置、安全保障、部门间共享等，构成了庞大而复杂的业务。不仅如此，所有信息业务又与办公自动化、管理信息系统的应用密不可分；在互联网时代，还与电子政务密不可分。由此构成的政府信息相关活动已经超出了保障信息查询与获取的范围（保障社会公众对政府信息的有效查询与获取、保障政府工作人员在工作和决策中的信息查询与获取依然是其中重要的组成部分）。从政府的角度看，更合适的视角是把政府相关信息看成资产，全面而系统地设计对这一资产的管理过程和管理手段，以此改善政府各部门的运行效率。其结果就是形成了政府部门的信息资源管理活动。

三、数据的资源价值及其挖掘

在信息社会，不仅有意义的信息被看成资源，那些尚未被赋予意义的数据，特别是由现代信息与通信技术自动生成的大数据（如电子商务网站的浏览记录和购买行为记录等），也成为政府、企业、科研等部门挖掘价值的对象。企业利用大数据的最直观例子就是利用电子商务网站收集用户行为数据，分析不同人的购物偏好，并在他下次购物时，有针对性地进行商品推荐和营销。所谓数据挖掘指的就是这样的数据价值发现过程。它利用人工智能、机器学习、模式识别、统计学、可视化技术等手段自动识别数据中蕴含的趋势类别、关联模式，用来支持决策和提出新知。

四、新的学科版图及图书馆情报学定位

“信息社会”概念和信息职业的多样化也引发了其他学科（如管理学、计算机科学经济学和社会学等）对信息的关注，其结果是在原有的图书馆情报学之外又产生了诸如信息资源管理、信息管理与信息系统、知识管理、竞争情报、数据挖掘、信息经济学、信息社会学等众多信息的相关领域。在短短二三十年的跨度内，图书馆情报学旁边就布满了拥挤的信息学科群。

不难看出，这些新兴的信息学科与原有的图书馆情报学存在十分显著的区别。图书馆情报学把信息看作一种具有通知、通报、认知功能的资源，认为信息查询、获取、利用的结果是导致人的认知状态的某种改变，因而特别关注个人对信息的有效查询与获取。在经典图书馆学和情报学著作中，谢拉关于图书馆功能的论述、布鲁克斯的信息概念模型和贝尔金等的知识非常态理论（本书的后续章节将详细介绍这些理论）都建立在对信息的上述认识之上。与图书馆情报学不同，管理学把信息看成组织的资产（正如它把资本、人力看成组织的资产一样），认为信息利用的结果是提高组织的竞争力，因而比其他相关学科更关注组织作为整体对信息的利用以及信息在组织内部的共享；计算机科学和通信科学把信息视作独立于意义的符号信号，关注符号及信号的处理与传输；经济学把信息看成生产的要素或商品，关注它在经济活动中的作用；社会学同样把信息看成社会的经济资源，但更关注它如何影响社会关系、社会结构和社会过程。这表明，从这些领域诞生的新兴信息学科，虽然与图书馆情报学共享信息这一客体，但它们拥有非常不同的看待信息的视域。视域是一个学科区别于其他学科的重要特征，例如，同样是研究人，医学看到的是他的物理状态，文学看到的是他的心灵；看待“人”的不同角度形成了不同的关于人的独立学科。

同样，看待信息的不同角度也表明，新兴的信息学科虽然与图书馆情报学彼此交叉，但并非同类。

20 世纪 80 年代，图书馆情报学刚刚走向融合，就迎头碰到这些新兴信息学科的冲击。由于新融合的图书馆情报学尚未完成自我认知，未能向社会清晰地表达自身的使命、问题及价值，在与新兴信息学科竞争年轻一代和社会投入时，经常处于劣势；在关乎信息社会重大问题（如信息基础设施建设、信息商品化、信息分化等）的讨论中，它也被评价为幼稚和被动。不仅如此，20 世纪 90 年代的信息技术发展状况日益普及的网络技术、迅速更新的计算机处理能力、多媒体技术、万维网技术等还严重挑战了图书馆作为物理实体的存在前景，图书馆情报学由于被误认为与这一实体紧密相连，也蒙受了前景不确定性的阴影。

面对上述冲击，曾经推动图书馆学和情报学合并，并因此拓展了图书馆情报学视野和空间的专业教育却出现了“去图书馆化”的趋势，这表现为从学院名称和课程体系中尽可能去掉“图书馆”字样，在原有的图书馆情报学专业之外增加其他信息专业，一些图书馆情报学院甚至实施了向新兴“信息学科”的彻底转型，如转向信息管理与信息系统专业。

21 世纪初，很多原有的图书馆情报学院已经发展得“信息”专业林立，图书馆情报学专业即使没有被边缘化，也只成为众多信息专业之一。20 世纪 70 年代，图书馆学与情报学的融合并非百分百的融合，两个学科都各自保留了一定的“原住民区”。20 世纪 80 年代以后，在新融合的图书馆情报学面临诸多挑战和竞争的时刻，情报学的“原住民区”开始出现了向外扩张的趋势，研究兴趣不仅开始延伸至信息资源管理、信息系统，甚至延伸到知识管理、竞争情报、数据挖掘、大数据等。由于情报学对新研究领域的不断拓展，今天以“情报学”名义开展的研究与 20 世纪 70 年代的情报学研究已非常不同。

第二章 情报学的研究

第一节 情报学的起源

情报活动不是单个人的活动，而是一种有组织的活动。这种组织称为情报机构，它是情报活动的组织者和实施者。一个国家通常会有若干情报机构，它们构成了一个情报体系。

一、标准情报的价值及标准情报工作

标准是指对工业产品的设计、生产、品种、规格、质量及其检验方法和建设工程的施工方法、安全要求、技术术语以及对经济管理、行政事务、工作方法等领域所做的统一规定。它以科学、技术和实践经验的综合成果为基础，并以特定形式发布，作为人们社会经济生活中共同遵守的准则和依据。标准情报是科学情报工作的重要内容之一，除了具有科技情报的共性之外，还具有多学科的综合性和法规性两个特点。标准情报的多学科综合性表现在标准情报，包括产品结构、工艺过程、质量检验方法、外观装潢、包装储存、运输管理等标准、规范的制定、修订，还包括经济情报、技术情报、经营管理、市场开拓等内容。标准情报的法规性表现在国家、地方政府对执行标准具有法令性要求。

标准情报涉及的知识范围广泛，同时又具有标准和情报的特点，标准情报具有如下四种价值：

1. 科技价值。标准情报是经过严格的科学验证及精确的数学计算，以现代科学的综合成果和先进经验提炼而成。所以，标准情报是进行科学和技术提升产品开发的重要参考依据。

2. 情报价值。世界各国一般都规定 3 ～ 5 年就要对已有的标准进行复审和修订，以保证标准的先进性和现实性。所以，不同国家、地方、企业的标准及时而准确地反映了他们当代的科技水平。同时，标准的超前推广和应用预测了近期科学技术的发展趋势。

3. 使用价值。标准有明确的适用范围和用途，并且是该范围内所必须遵守的技术法规。因此，标准所提供的内容具有强烈具体的实际意义。

4. 经济价值。标准情报是促进提高产品技术水平和质量水平的主要依据，是增强产品竞争力和开拓国内外市场的有力工具。合理使用标准情报能使企业获得经济效益。

标准情报工作是指对标准情报的搜集、整理、宣传咨询，为企业提供使用服务的过程。标准情报的价值是显而易见的，标准情报工作的意义也不言而喻，没有标准情报工作，标准情报的价值就难以实现。但是，据我们在工作实践中的亲身体会，目前湖南省的标准情报工作尚需进一步加强，由于经费限制等原因，曾经是湖南省标准情报主要搜集单位之一的湖南省科技信息研究所，其搜集的标准早已过时，对新标准的搜集极不完备，无法满足全省企业对标准情报的需求，直接影响了这些企业的技术创新、技术开发及产品外销出口。在中国即将加入 WTO 之际，中国的经济运行将逐步按照 WTO 的游戏规则进行，我省标准化及标准情报工作的这一现状不能不引起我们的重视。加强标准情报工作，已经到了刻不容缓的时候。

（二）加强标准情报工作

1. 标准情报工作的内容

标准情报管理，即标准化领域中的科技情报管理，是对标准化活动中所产生的记录标准化科研成果和实践经验的标准文献，以及其他领域中与标准化相关的情报文献，有组织地、及时地进行收集、加工、存贮、报道、研究、分析并提供情报服务等一系列活动的管理。是一个满足用户与读者情报需求的过程。

情报管理是确保标准化工作顺利开展不可缺少的环节，在标准化系统中占有重要的地位。同时，情报管理又是科技情报管理的一个重要分支，它的产生和发展都是由标准化发展的需要所决定的。离开了国内外广泛开展的标准化活动，标准化情报管理就失去了赖以生存和发展的基础。反之，标准情报管理也促进了标准化的发展。可以说，标准化的发展在一定程度上取决于标准情报管理开展的好坏，取决于标准情报的利用率和吸收速度。

标准情报管理一般包括两个方面的工作，即以收集、加工、整理、存贮、报道和提供服务为主要内容的标准文献工作，以及以标准文献的分析、研究为主，并辅以实际调查的情报调研工作。

2. 加强标准情报工作的必要性

（1）现状：一方面，企业需要标准。以北京市各行各业为数众多的大中型企业为例，我国加入 WTO 之后，产品只有靠质量才能占领市场，因而，标准化将成为企业的需要；另一方面，标准化研究机构虽愿意将自己所拥有的情报信息服务于社会，却因未能开展起积极有效的技术服务工作，致使大量的标准、文献、科技档案等信息被动地沉睡在情报资料室，因而“供”与“需”之间出现瓶颈。

（2）必要性：加强标准情报的管理与开发是标准情报工作的中心环节。在国际经济竞争中，标准成为产品特别是高新技术产品竞争的焦点，谁掌握了标准的制定权，谁的技术成为标准，谁就掌握了市场的主动权。知识经济是建立在知识和信息的生产、分配和使用基础上的经济，是以知识为基本生产要素，以信息技术和信息产业为主导的经济。而标准情报工作开展得好与坏，标准化水平的高与低，是决定信息技术竞争的基础要素。此外，随着信息的大量交流，企业产品的寿命周期缩短，标准的更新速度将会加快，标准的分类更加细化，超前性工作的研究更要加强。由此可见，收集、处理、研究标准情报信息，是做好情报信息工作，为企业服务的前提。

3. 如何加强标准情报工作

（1）加强标准情报机构的内部建设

①下大力气丰富馆藏资源

一是要肯于进行资金投入。近些年来，文献的价格在大幅上涨，尤其以国外原版资料涨幅最甚，迫于经费紧张的压力，若全部的文献资料均以采购的方式来丰富馆藏不太现实的话，可以在部分采购的基础上，以复制的方式收集不断更新的先进国家的各类标准及国内的标准、技术法规等。二是以索取或交换的办法收集会议文献、标准化书籍、标准化期刊、标准通报等。拥有丰富的馆藏资源是做好标准情报工作的前提，标准文献种类繁多、数量庞大，因此，工作人员要勤查书目、勤与有关部门联系，以扩大资料来源，在既定的收藏原则下，最大限度地收集到更多的文献资料。

在丰富馆藏的同时，切记要做好标准文献的修改、代替与作废的处理，这在标准文献管理中是一项经常性的、必不可少的关键性工作。标准文献时效性强，需要定期进行修订、作废、更新换代（实践表明，过期的标准也有着一定的利用率，但是从管理上考虑，被代替的旧资料要同现行的有效资料分开保存），并根据关于标准的修改、代替或作废的通知和报道，及时开展工作。

②注重人才的培养与管理

第一，建立完善的用人机制。建立合理的用人制度，营造公开、公平、公正的用人环境是保障优秀的标准情报人员能够脱颖而出的有效方法。长期以来，将图书情报部门作为人情安排之选的单位不在少数，晋升论资排辈、工作或迁就照顾或求全责备都不乏见。从根源上讲，管理体制的陈旧是制约标准情报工作发展的主要原因，那么建立符合本单位实际的岗位等级序列、公开岗位、考试与考核相结合、专业技术职务施行聘任制，是让所有的人员都能平等地参与进来，吸引和留住人才的最佳途径；另外，可以通过聘请有关的专家、学者，确立标准情报工作的发展方向，带动情报咨询的多向进展；同时，进一步完善内部分配制度，打破大锅饭，以期真正实现一流人才、一流业绩、一流的报酬，这是盘活旧有的运行体制，组合一支高效、精干的技术情报队伍的有效方法。

第二，积极开展标准情报业务培训，重视对情报人员的智力开发。标准情报人员的专业知识、情报知识和外语水平是直接影响标准情报工作效率和服务水平的重要因素之一，这里我们强调的是对复合型人才的培养。以对代译服务的调查为例。实际工作中，我们发现要求代译服务的占读者需求的 13.5%，由于标准情报的专业性极强，工作人员仅仅拥有高超的外语水平是无法胜任标准情报工作的，因此在知识经济时代，标准情报工作人员应一专多能，尤其要重视对多学科基础知识的兼容并蓄，以便能够创造性地开展标准情报工作。

（2）围绕市场经济，做好情报咨询与开发工作

用户在着手进行一项新的科研、设计工作时，需要清楚别人已经做了什么；产品要出口，企业需要及时了解国外的标准是什么；标准化部门在制定一项新的标准时，需要全面了解国外同类标准已达到了什么水平……这些都要求标准情报机构系统地提供与课题有关的标准情报资料。要做好情报咨询服务，需要随时掌握和提供标准的情报，只有这样，才能少走弯路，避免重复劳动。

标准情报咨询服务是整个标准情报工作中一个十分重要的环节，是对标准情报的收集、整理、加工报道、检索和情报管理科学化的总体工作的一种检验。做好咨询服务工作，关键在以下几个方面：

①利用自身优势，抓好情报研究与开发

情报研究又称情报调研，是根据特定的需要，对情报进行定向选择和科学抽象的研究活动，是情报工作和科技工作相结合的产物。在标准情报工作开展的全过程中，情报研究是非常重要的环节，常见的情报研究主要是针对某一标准化专题，把实际调查得来的国内外全部有关的各类标准情报进行逻辑加工、分析与综合，得出该专题发展水平或发展趋势的研究报告。情报研究还包括：标准化方针、政策方面的情报研究；标准化发展水平、发展动态的情报；各国标准化工作的主要经验、教训方面的研究等。

②加强自我宣传，开展特色服务

第一，今天的信息市场烽烟四起，商家林立，各类服务机构也凭借其各自优势接踵而至，分食信息技术咨询产业这块蛋糕，标准情报研究院所如果仍想占有一席之地，就要努力寻找对策，迎头参与竞争，如果不及时调整自我，就有被淘汰出局的可能。事实表明，近一两年来，在标准资料这一块我们已经失去了许多用户，因此，一方面要立足本身系统性、专业性的特点，及时更新标准文献，通过主动服务赢回老用户。另一方面，要做好市场调研，在传统的服务项目中融入新的服务方式和服务方法，以满足用户所需，吸引潜在的新客户。

第二，必须重视自我宣传。作为专业的标准情报机构，其多年积累下的丰

富经验及专业性是其他任何服务机构所无法比拟的，这也是这块招牌的特色所在。但是在众多的服务机构面前，坐等是会丧失机遇的，因此，还是要通过多种渠道和方式进行自我宣传，重新打造专业咨询的品牌，以高品质的服务让用户认可。同时，找准切入点，取其所长，开展特色服务。在全球经济一体化的今天，凭借自身标准情报专业机构的技术优势，积极为企业会诊，由专家牵头，予以技术指导与咨询，使其标准达到先进水平，使其产品走出国门。

③扩大文献深加工，开发新的服务形式

预见性和超前性是标准情报信息的特征，标准情报资料数量繁多，用户无法详细阅读、查阅检索所需文献，有鉴于此，我们制作了“化工产品标准全文检索系统”，在调查统计的基础上（包括对用户的基本情况、工作的内容、目的计划、现状前景等方面的了解），有针对性地推出自己的服务产品，以满足用户的需求。随着标准化事业的发展，标准情报需求的增长和情报工作的深化，标准情报人员只有注重捕捉、搜索信息，开发新的服务形式，才能给用户提供满意的服务。

进入 21 世纪，伴随经济、技术和贸易的不断进步，特别是随着我国加入 WTO，标准化的技术基础地位也越来越重要。因此，加强标准情报工作，摸索一些标准情报咨询服务的新途径、新方法，不仅可以为机构本身带来良好的经济效益，还可以在服务于企业、服务于社会的过程中，为促进社会进步和生产力的发展发挥积极作用。

（三）知识经济时代的标准情报工作

进入 21 世纪，人类社会步入了一个崭新的知识经济时代。知识成为一种最宝贵的资源、最能增值的资本、最有价值的产品和最重要的生产力。面对全新的形势和海量的信息，作为以从事知识信息的采集、加工、交流和管理为主的标准情报工作，如何顺应时代发展，调整自身结构，发掘自身优势，更好地发挥标准情报的作用，开创标准情报工作的新局面，是值得每个标准情报工作者认真思考并加以研究解决的问题。

1. 标准情报工作面临的挑战

（1）对馆藏形式的挑战。目前，世界已有多个国家建立了全国性的标准化机构，其中有多个国家制定了本国的国家标准。据统计，全世界已有各种标准，连同有关标准化方面的会议资料和技术报告，其总数可达万件之多，面对这些来源广泛、种类繁多、数量庞大的标准文献，传统的馆藏文献存在形式已经不能满足新形势下的资源建设需要。特别是随着现代信息技术的快速发展，馆藏资源的存在形式更是发生了翻天覆地的变化。过去占有主体地位的印刷型文献将逐步被电子出版物所取代，馆藏质量不再以馆藏量大、标准资料多取胜，而更多地取决于获取信息的速度和提供方便服务的程度。

（2）对服务环境的挑战。标准情报工作的本质是有序地收集、整理、分析、研究、报道和传播，具有实际使用价值的科学技术知识。随着计算机和网络在标准情报领域的广泛应用，运用计算机、网络、通信技术实现信息收集数字化，采用数据库技术实现信息整理、分析、研究的自动化，利用网络、通信技术实现报道和传播的网络化、共享化，成为新形势下标准情报工作的大环境。在这种情况下，标准情报工作只有在服务内容上有所突破，才能适应新形势的发展需要。

（3）对服务模式的挑战。新形势下，用户需求出现了多样化、个性化、知识化等特点，传统标准情报工作的服务内容在用户活动中的影响逐渐弱化，用户关注的是如何获取解决问题的知识内容，并将这些知识内容创新、集成为相应的解决方案，进而将这些知识固化在新的科研生产管理中，或针对具体问题和个性化环境，更加直接地帮助用户解决问题。要适应这一形势发展的要求，标准情报工作必须加强计算机技术、网络技术、多媒体技术等一系列先进技术及设备的应用，打破传统的服务模式从简单的信息传递、信息有序化，为用户提供特定信息服务，转变到比较复杂地提供决策知识服务，不断为用户提供新的信息产品。

（4）对人员素质的挑战。知识经济时代，标准情报服务强调针对性、精确性、时效性、多元性，标准情报工作开展得如何与其工作人员的素质密切相关。标准情报工作人员要具备基本的职业技能，不仅学有专长，还要涉猎其他学科。

在具有较宽的知识面的同时，他们还要掌握信息技术、信息管理以及信息服务知识，培养敏锐的洞察力与敏捷的创新思维能力，成为一专多能的复合型人才。

2. 加强标准情报工作的建议

（1）大力加强特色馆藏建设。拥有丰富的馆藏资源是做好标准情报工作的前提，但是随着标准化工作受重视程度的提高，标准发布量逐年增多，标准文献种类繁多、数量庞大，迫于经费及客观条件的压力，标准情报机构不可能采购全部的标准，这种情况下，加强重点学科标准文献资源建设，建设特色馆藏显得十分必要。对那些本机构的重点领域和重点学科的标准要重点采购，而对于其他领域的标准则适当放宽，同时也可以复制的方式收集不断更新的先进国家的各类标准及国内的标准、技术法规等或是以索取及交换的办法收集会议文献、标准化书籍、标准化期刊、标准通报等。同时，工作人员要勤查书目、勤向有关部门联系，以扩大资料来源，在既定的收藏原则下最大限度地收集到更多的文献资料。

（2）做好标准情报研究工作。在标准情报工作开展的全过程中，情报研究是非常重要的环节，常见的情报研究主要是针对某一标准化专题，把实际调查得来的国内外全部有关的各类标准情报进行逻辑加工、分析与综合，得出该专题发展水平或发展趋势的研究报告。情报研究还包括标准化方针、政策方面的情报研究，标准化发展水平、发展动态的情报研究、各国标准化工作的主要经验、教训方面的研究等。做好情报研究工作，就是针对用户需求，利用现代化的技术手段，对收集到的信息进行去粗取精、去伪存真的深层次的加工，为用户筛选并加工出可靠、实用的情报。并在此基础上形成综述、述评、研究报告之类的增值服务，进而建立满足用户需求的数据库，开发深层次的情报研究。

（3）加强标准情报管理。建立采用高科技手段的技术情报信息网络，采用电子化、网络化等收集各类技术情报信息，通过现代化传输手段向用户快速、准确、完整地提供标准情报资料和工作文件，是网络技术发展的必然要求。一是与系统内各标准情报机构建立系统网络，资源共享；二是与行业各级科技情报系统建立协作网络，使企业及时掌握行业的科技信息及标准情报的新动态；三是与企业建立标准情报服务网络。主要是与大中型企业、乡镇企业建立定向服务，为企业提供最新的国内外标准化信息动态，为企业提供快速、准确的标准情报。只有通过传递，才能将这些静态的情报资料转变为动态的知识产品，转化为现实的生产力。

（4）提高标准情报人员素质。随着情报服务环境与用户需求的变化，对标准情报人员的素质提出了更高的要求，他们不但要具有扎实的基础理论和相关专业知识，同时还要具备较高外语、计算机技术和网络信息技术水平。因此，在知识经济时代，标准情报工作人员应是一专多能的复合型人才，尤其要重视对多学科基础知识的兼容并蓄，以便能够创造性地开展标准情报工作。标准情报机构应该选调一批具有丰富实践经验的技术人员作为标准化管理人员和研究人员，通过外派学习、内部培训、标准评审、实际编写等多种方式，重视对情报人员的智力开发，不断提高其工作能力，同时，也要建立完善的工作激励机制，激发标准情报人员的工作热情。

总之，知识经济时代的到来给标准情报工作带来了新的机遇和挑战，标准信息服务机构应该抓住机遇，迎接挑战，在不断加强自身建设的基础上，摸索一些标准情报工作的新途径、新方法，不断提升核心竞争能力，在知识经济时代的潮流中稳步发展。

第二节　情报的属性与原理

情报学有没有如同其他学科一样具有一些带普遍意义的、基础性的思想和原则在主导其各领域的发展，从而成为学科的基本原理或开展研究的逻辑起点呢？在回顾和总结情报学过去半个多世纪的发展历程和取得的成果时，发现这样的思想和原则实际上是存在的，它们一直在支撑着情报学的发展，而且随着情报学的发展越来越突出。对这些思想和原则的系统、深入研究对学科的发展具有奠基性意义。

应当说，我国情报学术界对这些思想和原则中的大部分是比较熟悉的，也了解其作为独立的理论或规律时在情报学中的作用和地位，但忽视了它们作为一个整体在情报学发展中的奠基性作用。从科学情报的属性出发，讨论了情报学的3个基本原理。在进一步研究基础上，提炼出情报学的6个基本原理。至于为什么是6个而不是8个、10个或12个，这是因为既然是基本原理，它一定是这个学科的核心思想和基本原则，对学科的发展具有基础性、规定性和普遍意义，或者说是学科发展并区别于其他学科的灵魂。那些看起来也像基本原理，但是以某种形式包含于这6个基本原理之中或能够通过这6个基本原理导出的理论、规律则不将其视为基本原理。希望通过本文的工作，能够对情报学的理论体系构建提供富有建设性的成果和思路。

这里需要特别说明的是，情报学中的3个基本对象，信息、知识和情报是从“信息链”的结构来认识的。信息链由事实—数据—信息—知识—情报、智能五个链环构成。在信息链中，信息的下游是面向物理属性的，上游是面向认知属性的，作为中心链环的信息既有物理属性也有认知属性，因此成为“信息链”的代表称谓。知识、情报则显然是认知属性的，是知识体系（科学体系）中的基本单元或组件。信息链十分准确地描述了信息、知识和情报等重要的基本概念及其相互关系。在讨论中正是基于信息链框架、在不同场合及特定意义下交替使用这些概念的。

一、离散分布原理

信息、知识和情报是以离散形式分布的，在离散分布的基础上趋向集中。由于信息、知识和情报的离散分布是绝对的、复杂的，所以我们才需要研究如何用科学的方法获取情报密度最大的情报源，为用户的情报需求提供最优服务。它实际上主导着整个情报活动，对情报分散规律的研究也将揭示情报学具有奠基性的定律。

信息、知识和情报的离散分布表现为其内容单元以不同的方式从不同的角度分散于各种著作或不同形式的载体中。情报的离散分布具有复杂的机理，本质上是由知识体系自身的分化和综合决定的，与情报的生产、利用，情报的累积性、再生性、老化性以及对创造者的独立性有密切的关系。情报的离散分布现象是全部情报活动的基石，迄今对情报离散分布现象研究最负盛名的成果是我们大家熟知的布拉德福定律，该定律研究和揭示了相关论文在科学期刊中的集中分散现象，被公认为是情报学的基本定律，它与描述科学生产率分布的洛特卡定律、词频分布的齐夫定律、文献增长老化的指数定律具有共同的渊源和机理。

布拉德福定律在研究中创造了一种重要的方法即频次—等级排序法：按某一具体事项（如文章、作者、词等情报单元）在其主体来源（如期刊、作者集合或词的集合）中的出现频次按递减顺序排列起来，就会导出布拉德福分布。这种分布不仅仅存在于文献情报领域，在许多其他领域，尤其是在社会科学领域内更是一种常见的分布现象。如城市按人口的分布、居民收入多少的分布，书籍按页数的分布，生物的属按其种的分布等，只要我们将主体来源按某一具体对象出现的频次排序，就可以得到类似的分布。布拉德福发布的特点在于我们所考察的具体对象（如文献单元）的大多数集中于少数主体来源。如某一主题的科学论文约三分之二集中在少数期刊上，而其他三分之一分散在大量期刊上；大多数作者一生只能发表一至两篇文章，而为数不多的一些作者却成果累累，一生发表几十篇甚至数百篇文章；人们写文章时，总希望选择常用的、传递功能强的词；社会财富总是集中在少数人手中，而很少一部分为绝大多数人分享。这实质上是情报离散分布基础上形成的核心趋势和集中取向，是“成功”累积的结果，也是“马太效应”的表现形式。

布拉德福定律的研究虽然取得了突出成果，但也存在两个明显的不足：其一，对情报离散分布的机理研究得还不够深入；其二，对情报离散分布规律的研究还停留在宏观水平上，即对期刊上发表的科学论文分散规律的研究，而在微观层次上对情报离散分布的研究——即在内容单元（而不是文献）和内在逻辑联系层次上的研究仍不多见。这说明，情报离散分布在微观层次上的研究难度较大，而微观层次的研究不仅反映情报的真实分布，而且其分布模型将是情报学突破经验层次上升为科学的关键。

针对上述不足，我们曾在微观层次上探索科学情报的离散分布规律。我们选择电子学、化学、生物学、物理学等具有代表性的学科领域，利用 BIOSIS、INSPEC、COMPENDEX 光盘数据库输出记录，用计算机统计命中记录的文献单元和知识单元（关键词或主题词），用频次—等级排序法从不同角度和侧面比较文献单元和知识单元的集中、聚类、分散状态，绘制出文献单元和知识单元的分布曲线，并对其进行模拟，发现文献单元和知识单元都符合布拉德福定律，只是非核心部分更加分散。这说明离散分布是科学情报的本质属性和规律，是情报学的基本原理。

情报的这种离散分布或核心趋势（马太效应）是怎样形成的呢？如果仅就布拉德福定律所研究的期刊论文而言，可以这样设想：在某一新的学科中，写第一批论文时，人们首先寄给最合适的期刊，并在其上发表。这些期刊伴随着该学科的发展，刊载越来越多的这类文章，于是著者都希望把他们的文章发表在本专业领域的，过去已经发表了大量高质量论文的这类期刊上。投稿数量大幅度增加，使期刊选择性增大，因而对文章的质量要求提高，期刊的威信也随之日益提高，便产生了一些带“核心”性质的期刊，这就是文献情报分布中的“集中”趋势。与此同时，有关这一学科的文章也在其他相关期刊上发表，便又产生了文献的分散现象。如果我们从具有普遍意义和一般性人类情报行为出发解释这一现象，就会发现这种离散分布所导致的集中趋势是人控制的选择行为在起决定作用。在这种选择作用下，当一系列同类对象被人选择时，就会出现有的经常被选择，有的不常被选择。这种频度不均的选择本身使得对象的特征信息更加突出，又会反过来作为再次被选择的依据。如果我们把对象受到一次选择看成一次成功，那么这种成功的累积必然容易导致新的成功，普顿斯用累积优越性函数来描述这一过程。这便是情报分布中出现马太效应的根本原因。

布拉德福定律揭示的不仅仅是情报的离散分布，而且又揭示了离散分布基础上的集中取向和核心趋势，它所创造的频次—等级排序法和对马太效应的深刻解释都具有普遍意义。如布鲁克斯指出，“排序是人类最基本的活动，人们学会讲话和数数之前就懂得按照事物的某一特征进行排序”。排序也必然是人们获取情报信息的重要手段，因而是人类情报过程最基本的特征。频次—等级排序法有两个明显的特点：

1. 依照对象的重要程度为序直接表示出分析的数据，提供丰富的信息，有助于认识事物的特征。

2. 频次—等级排序法无须以任何统计理论或概率假设为基础，就能对事件直接进行分析和解释，应用方便，不受理论约束。这些特征对于分析复杂的人类情报现象和情报过程都是十分有价值的。不仅布拉德福定律，著名的洛特卡定律、齐夫定律等都是通过这种简单的排序而得到的，故又称其为布—齐分布系。

通过这种排序揭示的情报对象离散分布的反向趋势—集中取向（马太效应）更能让人们看到，相互矛盾、对立的情报现象和情报过程实际上是高度统一的。

上述有关信息、知识和情报离散分布的绝对性以及揭示这种分散的方法的普遍性、实用性和简明性使情报学有可能和有能力向其他学科提供理论和研究方法，对其他学科产生影响，这正是一个学科走向成熟的关键。

二、有序性原理

情报结构无论是以自然系统存在还是以人工系统存在都具有某种“序性”。研究和揭示这种“序性”，是设计最优情报系统的基础。

情报结构的有序性来源于科学体系的有序性和人的创造过程的有序性。情报的产生在许多情况下可能是随机的、无目的的，但它们一旦被生产出来便进入知识体系，成为科学结构中的一分子，具有特殊意义。它们可能属于知识体系的不同级别（事实，假说、构想，理论等），在知识体系结构中具有不同的功能，但都会通过知识的自组织而形成有序结构。这对于自然科学、技术科学等累积性特别强的学科尤其如此。其他类信息不存在像科学体系一样的自组织结构，而是人工建造的各类信息系统使其有序化。当新信息进入这些系统时，必须有人的干预和调整才能实现有序添加，否则，输入的信息越多，系统就会越混乱。当然，情报在知识体系中的有序性结构并不意味着它能自动生成有序的情报检索系统，只是表明我们可以通过情报的有序结构研究情报的规律和组织，建设更有效率的情报系统。

无论是主观知识结构还是客观知识结构，都是开放系统，它与外界处于不断的知识、情报（还包括物质、能量）交换过程中，可以形成类似于普里高津提出的“耗散结构”。普里高津发现，一个开放系统处于远离平衡态的非线性区时，一旦系统的某个参量的变化达到一定阈值，通过涨落，系统可能发生突变，即非平衡相变，由原来的无序混乱状态转变到一种时间、空间或功能有序的新的状态。这种有序状态需要不断地与外界交换物质和能量才能维持，并保持一定的稳定性，不因外界的微小扰动而消失。普里高津把这种在远离平衡态的非线性区形成的新的稳定的、有序结构，称为耗散结构。这种自行产生的组织性和相关性被称作自组织现象，所以这一理论又叫作非平衡系统的自组织理论。

情报结构的有序性充分体现了情报生产过程中的自组织机理，如知识生产中的引文系统、网络链接系统和 RSS 中的知识信息聚类，都说明情报的有序化自组织功能的存在。

知识体系（知识结构）的自组织功能和情报的有序性使其在长期的累积中形成了一个有规则的系统。遗憾的是我们迄今还不能按知识结构自身的有序规则来组织情报，建立情报系统，而是创造另一种标引和检索体系，按情报载体的外部特征或情报本身的内容特征来标引和组织情报系统。这样的系统虽然考虑到了人们利用情报和知识的特征与习惯，但却忽视了人的创造过程和情报本身的有序性规则。因此，建立在这种基础上的情报系统即使采用了最先进的信息技术也远未达到应有的质量和效率指标。布鲁克斯的“知识地图”正是利用情报的相关性和有序性原理来构建新型情报系统的一种有益的探索，如果这样的系统能够构建成功，情报学将会取得突破性进展，人类社会的情报危机也会得到有效遏制。

有序性原理表明无论是主观知识结构还是客观知识结构，也无论是通过自组织产生的情报结构还是人工建造的情报结构，情报单元一定是以开放系统形式存在的，而且唯有如此，情报才能得到有效积累和利用。

三、相关性原理

任何一种情报结构都是按一定规则相互关联的。研究和揭示情报相互关联（相关性）的规律和规则，是有效组织和检索信息、知识、情报的基础。

情报学的主要任务之一是要解决“找”的问题，即用户查找自己相关的情报，因此相关性一直是情报学关注的重要课题。情报学中的相关性实际上存在于两个方面：一是用户的情报检索，二是客观知识体系的自组织建立起来的相关性。迄今为止，相关性研究仅仅注意到了前者却忽视了后者。这不能不说是一个巨大的缺陷。

（一）情报检索中的相关性

情报检索的相关性包含系统相关和用户相关。系统相关性主要研究用户情报需求的描述和表达与系统文档描述之间的相互匹配关系，它涉及情报检索系统的分析、设计、算法、性能、评估等要素。有研究者认为，相关性是表达式与文档内容的一致性，亦即文档所涵盖的内容对表达式的适合程度。这一定义实际上包含 3 个基本假设：表达式中的主题词能够描述用户真实的信息需求；赋予文档的主题词足以概括文档包含的内容；检索匹配的结果恰为用户真实的情报需求相关的文档集合。

系统相关性描述了情报检索系统内部的情报组织机制和方式在多大程度上适合或匹配用户检索的要求，意味着所有检出的信息都是用户相关的，同时主题词在表示内容或意义方面必须精确且一致。在这种假设下，如果甲和乙输入相同的检索问题，会得到完全相同的输出情报。这种纯以主题决定相关的做法实际上隐含着情报检索系统的设计和情报组织方式能自动地匹配用户需求。这些内隐的相关性概念实际上包含词汇选择、语法结构、词频、概率的相似性。显然，这些方面的相似性都体现了系统的形式或语法上的相关而不是实质或语义上的相关。系统相关明确地描述了情报检索以及情报检索系统运行的目标，它揭示情报表示、组织、匹配等在系统控制中的相关结构和相关过程，并通过情报检索系统的广泛应用获得了成功。

用户相关性指用户以及用户检索代理者与检索系统之间的关系，这类相关性是主观的，在信息检索过程中，既涉及用户（或检索代理）的认知或知识储备，又涉及用户所处的情报问题情景。显然这类相关性受到用户偏好、兴趣、提出信息问题的时间、相关程度、完整性、信息价值、实用性和针对性等要素的影响。用户（或检索代理）在情报检索过程中与情报检索系统的相互作用关系、作用过程或结果表现为系统对用户情报问题的匹配程度，这种匹配程度可以用一致性、效用、关联度、满意度、适合度、关系等指标加以评价。可见，如果没有相关性，情报检索系统就不可能存在，因为任何情报检索系统都是用一定的方法将相关的情报集中在一起，供用户检索所需情报的结构；没有相关性，用户不可能获得自己所需要的情报。相关性是联结系统和用户的桥梁，同时又是约束系统和用户的潜在规则。

无论是哪一类相关性，实质上都是指情报用户（主体）与情报（客体）之间的关系，这种关系对情报检索系统组织、设计、分析、算法都形成约束。而情报主体的情报问题和情报需求多种多样，知识储备各不相同，这使得情报检索系统的组织设计异常复杂。情报主体与情报客体之间普遍存在的相关性便成为情报学的一种基本现象，揭示这种基本现象的原则和思想显然是情报学最基本的原理。

（二）知识系统中的情报相关性

根据信息链的结构，情报必定是进入科学系统的某种知识。由于知识体系的整体性、综合性、继承性、累积性和国际性，使情报在纵向和横向都有极强的相关性。在纵向，情报不同的级别之间存在内在的逻辑联系；在横向，各知识领域之间是一个不可分割的整体，其情报单元也自然相关联。情报的这种逻辑上的相关性是其他类信息（如市场信息、娱乐信息等）没有的，这对情报的组织、存储、检索具有特殊的意义。

传统的各种情报标引和检索语言正是基于文献情报的相关性采用概念逻辑划分来组织和存储情报的。任何一种情报标引和检索语言，无论是语词的还是符号的，都是表达一系列概括文献情报内容的概念及其相互关系的概念、标志系统，它们都是建立在概念逻辑基础上的。而概念逻辑正是一种科学思维方法，它能揭示事物的本质属性及各种事物之间的联系与区别，概念则是事物本质属性的概括。情报是人们认识的成果，正是通过各种概念来加以抽象和概括的，所以文献情报的内容只有用概念才能加以科学的表达和揭示。情报的相关性便可以反映为概念之间的关系，对概念的内涵进行限制，外延实施划分，便可组织起相互关联而有序的现代情报检索系统。

情报的相关性在不同的学科领域是不同的，一般来说，在自然科学和技术科学领域，其相关程度较大，而在大多数社会科学、人文科学和管理科学中相关程度相对较小。这是由科学的累积性决定的，科学的累积性实质上是情报在时间轴上的压缩现象，即科学知识趋向日益提高的抽象水平。这种现象导致过去各时代所创造的科学情报总量的减少，虽然这种减少与新的情报指数增长相比并不明显。累积程度越大，相关性越强，尤其是像数学、物理、化学等具有发达的形式化语言和严格推理规则的学科中，许多领域都已交叉渗透、难分彼此、浑然一体，人们很难区分它是哪一个学科领域的情报。

情报的相关性还可实现更深层次的知识组织，有代表性的研究是布鲁克斯提出的“知识地图”，即对文献中记录的知识的逻辑内容进行分析，找到人们思考与创造的相互影响及联系的节点，然后像地图一样把它们直观地标示出来，以展示知识的序性结构，为用户提供纯情报。

绘制人类知识地图是一个极为复杂的课题，现在还没有行之有效的方法，布鲁克斯只是在小范围内进行了试验研究。他利用J. 法拉登提出的关系索引，把液晶方面的部分论文索引构成一个网络图，试图展示知识创造的逻辑关系。当他正在进行这项研究时，他从斯摩尔的研究成果得到了启发。斯摩尔对一组生物化学家之间的迅速引用进行研究，引用结果表现为这些科学家相互的强烈影响。斯摩尔试图揭示究竟是什么思想、观点使得后继论文引用。如果可以用简单的陈述来表达被引的思想和观点，而这些思想和观点又可以抽象为有限数量的概念，就可以在一个网状图中显示它们如何导致一个重要发现。这样就得到了一个更为直接的“知识地图”。布鲁克斯认为，如果利用关系索引就可以较为准确地表达概念之间的关系，将文献网变为由知识单元直接联接的概念网，使知识体系从外部宏观结构改变为内部微观结构。这些尝试对情报学的相关性及许多课题都具有很高的理论价值和实践意义。

当代信息技术高度发展并广泛应用于信息处理，使得情报组织正朝着自动化、集成化和智能化的知识组织方式发展。由于信息和知识爆炸式地增长，沿用过去的文献组织（如分类法和主题法）和信息组织方法（如文件方式、数据库方式、主题树方式和超媒体方式）已不能解决大量资料和信息的合理利用问题。文献组织主要以文献为对象，它所要解决的是告诉人们有什么文献或知识；情报组织则不再局限于文献形式，而是将某一方面大量的、分散的、杂乱的信息经过整序、优化，形成一个便于有效利用交流的过程。基于此，人们发现知识组织的目标不应该再停留在简单地对知识进行存储、整序，而应该是通过融合分析、归纳、推理等方式来实现知识表示和知识挖掘过程。专家系统中的知识库可以说集中了当前常用的知识表示方式和知识组织方式，相关性正是这类系统的灵魂。如果是科学情报系统相关性应当成为知识表示方法和知识组织方式的基础，系统才更有效率；如果是非科学情报系统，系统的智能会发掘和生成资料之间的相关性，从而达到产生新知识的目的。可见相关性原理并未随着信息技术的应用而减弱或消失，而是在信息技术的支持下发挥着更为重要的作用。

四、易用性原理

人类交流、获取和利用信息、知识、情报总是趋向简捷、方便、易用、省力。研究和揭示人类情报行为追求易用与省力的特征、规律可以使情报获取和情报服务的成本最小，效益最大。

对易用与省力原则的研究最早集中于人类信息交流的基本工具——语言领域，在这方面做出杰出贡献的是美国哈佛大学语言学教授 C.K. 齐夫。他在前人研究的基础上，收集了大量资料，并通过实验观察，发现自然语言词汇的使用服从一个简单的定律，他称这一定律为“最小努力原则”。

按齐夫的说法，当我们用语言表达思想时，就像受到两个方向相反的力的作用——“单一化的力”和“多样化的力”的作用。这两种力的作用表现在人的谈话或写文章时，一方面希望尽量简短，另一方面又希望尽量详尽。如从这一观点出发，说话者以只用一个词表达概念最为省力，而听话者以每个概念都能用一个词表达理解起来最为省力。“单一化的力”和“多样化的力”相互作用，取得平衡，使自然语言的词汇出现频次呈双曲线。研究证实，齐夫定律不仅适用于自然语言，而且适用于人工语言，因而又被应用于情报的组织、存储和检索领域。例如，怎样进行词汇控制、编制什么规模的词表、选用多少词、根据什么选词都必然涉及齐夫定律。学者们按照齐夫的词频分布方法，通过标引试验，找出被标引文献与叙词使用频率的分布特征，最后确定符合使用频率的词，编入词表，再不断根据标引实践反馈修改，使词表既满足实用，又不致规模过大。在自动分类和标引中，频率太高的词和频率太低的词因其在检索中的价值不大都不能用于标引或表示应入类目，需要通过对词频进行统计分析，筛选出适于标引的词，或者与一个特定的分类系统比较，进行分类处理。在情报组织中，不同属性的字段（著者字段、篇名字段、主题字段等）都是由词组成的，为了控制一个倒排档的大小，就要考虑倒排档中每一个词在不同记录中出现的次数，加以统计排序，选出最适合的词，将倒排档控制在对信息组织和用户来说都是“最省力”的规模。

齐夫定律所描述的省力法则虽然发源于语言应用领域，但他实际上注意到了这一法则更为一般的意义，各个不同领域中最短路线的选择和确定问题都与此有关。例如，企业供应商和库存地点的选择，社区供货点的位置，交通路线安排，通信路线架设等，都涉及最短路径寻求的解决方法。就是在图书情报领域，齐夫定律也不仅仅是应用于语言文字有关的问题，也涉及最短路径的选择问题。已有学者将其应用于设计图书馆，文献中心资料库的排架，以使得资料出纳员在存取资料时所走路径最短。这方面最富想象力和创意的就是提出图书馆或文献中心不按传统的分类排架，而按资料使用次数多少以出纳员为中心按辐射状排架，使用频率最高的资料离出纳员最近，使用频率较少的资料则放到离出纳员较远的位置。齐夫定律还可以帮助我们合理地选择公共图书馆和情报中心的位置，使得各类用户能方便到达。现代运筹学已经介入这些问题的研究，并取得了很好的成果。使得齐夫描述的省力法则，可能从经验观察统计上升到严密的科学抽象。

对情报的易用性原则一个最经典的描述就是穆尔斯定律。该定律指出，“一个情报检索系统，如果用户从它取得情报比不取得情报更伤脑筋和麻烦的话，这个系统就不会得到利用”。用户对情报的选择几乎都是建立在易于存取、易于利用基础之上的，最便于存取的情报源（或渠道）首先被选用，对质量的要求则是第二位的。这就是为什么本国文字出版的文献是用得最多的情报源。索普在1972年的一项调查发现，用户使用的情报资料中有57%来源于个人信息库，大约26%来自其单位的图书情报中心，大约10%来自地理上较难存取的图书情报中心。用户搜寻情报的过程常常是，首先从自己已有的资料中查找，然后转向非正式渠道，取得同行帮助，在用尽了这些办法还不能解决问题之后，才考虑求助于图书馆或情报中心。上述数据和过程实际上是由于各种情报源或渠道的易用性不同，使得不同的用户几乎趋向同样的行为。

第三节 情报源与情报获取

一、情报源

情报源是能够提供情报、满足人类情报需求的来源。广义地说，凡是人类能够获取情报的处所，如情报部门、图书馆、文献中心以及个人，都是情报的源泉。虽然情报的最初“源头”是人类的社会实践，但并非每个人都能直接通过实践获得情报，也不是所有用户都有条件从浩如烟海的原始情报中获得所需要的情报。此外，从大自然及人类社会得来的情报具有不同的用途，且可重复使用。因此，需要将情报存储起来，供人使用。而存储情报的介质和系统便构成了狭义、具体的情报源。按情报的存储介质划分，可分为文献情报源和非文献情报源两类。

（一）文献情报源

文献情报源是情报源的一种主要类型，指能够满足用户情报需要的文献。

这些文献记载着人类世世代代认识世界、改造社会的知识和经验，汇集着大量的科学理论、方法。假说、定律、数据和事实，反映着科学、技术的成就和水平，是人类从事生产活动、社会实践和科学实验的历史记录。几千年来，文献作为情报的载体，一直是人类了解过去、认识现在和预测未来的重要依据，是传播情报的主要手段和途径。所以人们早就习惯于从文献中获取情报，把它看作是情报的源泉。

文献的类型通常概括为六大类：专利文献、政府出版物、标准文献、学位论文、产品样本和档案文件。构成情报源的各类文献最便于传播和利用。它们是科学、技术工作的结晶，是确认科技人员对某一项发明或发现具有优先权的基本依据，是衡量科技人员创造性劳动效率的公认指标，是属于人类社会的精神财富。

（二）非文献情报源

情报源的另一种类型。分为实物情报源与口头情报源两种：前者包括实物与样品、展览、电影、电视、录像等通过直观或听觉获取的情报源，后者包括会议、交谈、录音、广播等通过语言传播的情报源。

1. 非文献情报源——实物与样品

科研或生产单位对实物或样品进行解剖分析，可从中得到重要的直观情报，从而加快产品研制或仿制的速度。其特点是形象直观，内容具体、技术成熟可靠，容易检验和仿制。

2. 非文献情报源——展览

获取工业技术情报的极好场所，是工程技术、产品设计和经营管理人员的重要情报来源，包括科研成果展览、工业产品展览等。在工业产品展览会上，可获得关于厂商的技术现状、生产规模、产品发展动向与水平方面的情报，以及关于产品外观造型、性能、经营、销售等方面的情报。此类情报源的特点是情报量大，内容具体、直观，技术成熟，并附有文字材料，可进行比较鉴别，取其精华。

3. 非文献情报源——科技电影、电视和录像

一种能直接记录声音和图像的情报源。物体的高速运动，罕见的自然现象，瞬息万变的物理过程，都可以拍成电影、电视和进行录像，把自然界千载难逢的现象记录下来，对探索未知有独特的启发作用。这种影视情报是传播情报、促进科研的有效手段，一般可概括为6类：①科普类；②科学研究类；③工程技术类；④科技新闻类；⑤宣传类；⑥广告类。电影、电视和录像作为交流情报的工具是从20世纪60年代才开始的。随着摄影、录像技术的发展以及航空测量、地球卫星通信等手段的引入，它们已成为一种独特的重要的情报源。

4. 非文献情报源——会议

地方的、国家的和国际的会议，作为交流情报的论坛，是传播和获取情报的一条重要渠道。科学技术研究成果的原始情报，通过会议进行交流比通过期

刊交流要早 1 年左右，而且更为直接。科技会议的内容学术性强，是了解国际和国内科学技术水平、动态和发展趋势的极好场所。这种情报源的特点是传播情报快且早，内容新颖、丰富、专深，能反映最新的成就和问题，可对科学研究起重要的指导、参考作用。

5. 非文献情报源——交谈

人们交流思想最常用的形式，也是情报直接交流的基本形式。直接交谈是科学工作者沟通思想的主要方式之一。同行之间的交谈，往往互相启迪，联想推理，智慧交锋，因而能产生许多新观点、新苗头，如善于加以捕捉，会获得重大情报。通过口头交谈获取情报的优点为：费时少，速度快，具有高度的选择性和针对性；反馈迅速，对任何问题都可立即澄清和根据需要加以修正和探讨；能根据交谈时的气氛、语气、手势、暗示等领会要旨，并易于对所得到的情报做出恰当的评价；可以了解到没写进文献中的许多细节，这些细节往往更有启发借鉴的作用。

6. 非文献情报源——录音和广播

虽然也属口头情报源，但与直接交谈略有不同。直接交谈比较主动，可以有针对性地探询。录音和广播只能被动地接收。录音的特点是针对性强，可以反复听。广播的特点是快和新，是获取最新科技和经济情报的源泉。它们作为情报源有及时、面广、易懂、易于接受等优点。但随机性强，筛选率大。

就整体来说，情报源具有下列特点：①客观性，指情报源在空间和时间上都处于确切的位置，是客观的存在。②相对性，情报源是相对的，某情报源对甲来说是情报源，对乙就不一定是情报源。是用户的情报需求不同所致。③价值性，指情报源对人类是有益的和实用的，具有一定的价值。④累积性，指情报单元的汇集是形成情报源的必要条件，情报源是通过不断积累形成的。⑤离散性，指情报源不是连续的，因为情报的产生是断断续续的；它在空间和时间上的存储也是分散的。⑥长寿性，指情报源不同于消耗的物质资源，其中的情报的使用寿命相当长；通过对某些情报的整理加工，还可产生新的情报。

二、情报的获取

竞争情报是指一个地区或企业为了取得市场竞争优势，对竞争环境、竞争对手进行的情报获取、情报分析与研究，从而得出有利于提高本地区或企业竞争力的策略和方法。从事竞争情报活动，要求遵循一定的规定或准则。随着各国商业活动竞争的加剧，竞争情报活动所受到的约束越来越多。以至于各个企业获取竞争情报的方法的路径也越来越茫然，因此，探讨竞争情报的获取方法在各国商业活动竞争加剧的时候，变得更有一定的现实意义。

（一）竞争情报对企业的影响

1. 对企业自身经济的影响

在传统的观念中，企业经济的好坏主要与这个企业的老总能力的大小有至关重要的作用，随着各种各样企业的产生，以及不同专业的出现，一个企业经济的好坏和一个企业老总个人能力的大小已不再处于至关重要的地位，而代替个人能力的是这个企业的老总能不能正确处理来自各个部门获取的竞争情报。可以说一个企业的经济能不能支持下去与企业领导的决断能力有着密不可分的关系。随着全球经济一体化趋势的强化及竞争环境的日趋激烈，竞争情报已受到越来越多部门的注意和重视，并有许多组织机构开展了竞争情报工作。这时企业对竞争情报的获取就更加重要了。

2. 对企业竞争环境的影响

随着情报获取方法的多样化，对企业竞争环境也有着一定的影响。竞争环境是指企业在市场中所处的地位和条件。由于竞争环境中包含了许多可测和不可测的要素，大多数情况下，企业在市场竞争中失败的原因不是自身实力太差，而是对外部环境没有足够的认识。为了使企业能够在生产经营中不断适应竞争环境的变化并做出积极的反应，竞争情报研究应根据企业的宗旨和目标，对企业的外部环境、内部优势、行业现状以及市场机会等各方面进行系统而具体的分析。可以说竞争环境对企业的发展起着至关重要的作用。如果你获得了非常重要的竞争情报，那么企业的竞争环境也就会随之提高，这样企业的竞争也就面向多样化和广泛化。

3. 对竞争对手的影响

竞争情报涉及竞争对手生产经营的方方面面。这样企业就可以充分了解竞争对手的实力，监视竞争对手的每一步行动，预测竞争对手可能采取的行动策略，并结合本企业的实际条件，制定出切实有力的竞争策略。这样不仅会使自身的企业发展有更好的保障，而且会使竞争对手可能处于破产的状态。只有经过竞争情报的分析和自己企业经济实力的评估而做出一系列的决断，才是我们做出的对竞争企业对的措施，如对一些企业上的手段是打击弱者还是还击强者，是攻击远竞争者还是近竞争者等的行为做了铺垫。

（二）竞争情报的特征

1. 竞争情报的对抗性

竞争情报不是竞争对手主动给予的，而是在竞争对手不知道、不协助甚至反对的情况下进行的。在激烈的竞争中，竞争情报人员不但要竭尽全力、采用各种方法，如文献收集、市场调查、高新技术监测、反求工程等有效地搜集情报，而且要采取多种措施保护本企业的秘密信息，防止竞争对手窃密或通过隐蔽的竞争情报手段获得。因此，竞争情报具有强烈的对抗性。

2. 竞争情报的智慧性

在竞争情报分析过程中，竞争情报分析员要融入较多的智力活动，包括分析推理、审时度势、战略分析、创新性思维、超前预测等。通过思维创新发现新效用、创造知识的新概念、产生管理新理念；通过方法创新，去伪存真，产生利于决策的情报。

3. 竞争情报的合法性

为促进竞争情报事业的健康发展，在从事竞争情报活动时必须严格地采用合法和合乎伦理道德的手段获取信息。据调查，在企业想要得到的竞争情报中约有 95% 都可以通过合法的、符合道德规范的途径获得。竞争情报不同于工商间谍活动，竞争情报强调采用正当的、合法的手段搜集各式各样的信息，如新技术、新产品、行业情报、市场情报、政策情报等。

（三）竞争下竞争情报的获取方法

1.获取竞争情报的公开渠道

在当今这个信息时代，信息的传播和获取也就有不同的渠道和方法。公开渠道是我们每一个竞争者都能获取竞争情报的渠道，同样是竞争比较激烈的一个区域，一个企业能否继续发展和生存下去，就看这个企业能否抓住这个竞争比较激烈的区域了。

（1）专家访谈法

通过对政府主管部门、行业协会学会、研究机构、专业出版物、龙头企业、经销商等多方面专家的访问，从中了解所研究的企业现状及市场的现状和趋势、技术水平及发展等，并对企业和市场的未来发展预测提供数据，使企业走向正确的发展道路，不至于使企业走向低谷甚至破产的状态。

（2）电话访问

通过计算机网络对下游的顾客进行电话访问，了解下游顾客的需求和对目标产品的使用和态度。帮助顾客寻找潜在的市场。积极听取顾客的意见，顾客的意见就像久旱后的甘霖，能够使企业的发展更上一个台阶。

（3）深入访问

利用遍布全国的地区代理网络进行重点企业及经销商的深入访问，必要时可以组织成员以参观的名义，向大型企业进行访问和考察。观察他们大型企业的运行方式及产品的生产方法。

（4）向消费者访问

入户访问，以及在街道上拦人访问、街头定点访问等访问方式，向消费者询问产品的失误和不足，然后由产品设计师对产品进行改进，使以后再生产的产品能够使消费者满意。

（5）问重要客户

许多公司的客户既买本公司的产品也买竞争对手的产品，这些客户直接关系到公司的销售业绩。因为他们是同行的争夺对象，结果他们对同行展示的新产品非常了解，是公司的重要信息源。有时客户愿意如实告诉你竞争对手的产品、服务及定价，是因为这有利于他处于更好的侃价地位。向客户了解情况另一有效的方法是密切参与客户的活动而从中获取有价值的信息。

（6）问竞争对手

打电话或索要其销售宣传资料，把自己的名称登入邮寄品名单中，便于定期得到销售和接寄的东西来监测竞争对手。

（7）从企业的垃圾中获取

在传统人们的眼中垃圾就是那些没有一点用途的东西，可是对于一个企业来说垃圾可能是其走向破产的秘密武器，对于一个具有竞争意识的企业来说垃圾就像甘甜的美酒，入口香醇、美不胜收。企业可以从竞争对手的企业垃圾中得到一些有用的信息甚至是重要的竞争机制。从其的垃圾中化验出生产所需要的成分及一些添加物等。

2. 获取竞争情报的非公开渠道

也许人们都认为，在企业竞争中，公开竞争是每个人都应该做到的。只有这样才能使两个经销商在一起合作的时间够长，也只有这样才能使竞争得到更好的解释，但并不是每一个经销商都能做到。再说当今社会是一个金钱的社会。因此，获取利益才成为两个经销商能否再次合作的关键。因此，非公开渠道获取竞争情报更成为企业竞争的关键，成为一个企业经济的测量柱。

（1）从竞争企业员工中获取

当今的社会不仅是一个人才的社会更是一个关系的社会。有一个好的人际关系更胜过拥有一个丰厚家底的富翁。说话是每一个人的天性，俗话说祸从口出，可是对一个能够从对方的口中听取情报的人来说可是富从耳来，他们能够从对手企业员工的口中听取对自己企业有利或不利的信息。这样之后，对自己的企业不利的改掉，就可以使自己的企业更加完好。

（2）从经销商获取

经销商买货不是自己用，而是转手卖出去，对于他们只是经手再销售而已，他们关注的是利差，而不是实际的价格。企业对他们不是赊销，而是收到了钱的。这个商是指商人，也就是一个商业单位。所以“经销商”，一般是企业，用来说从企业拿钱进货的商业单位。这样可以根据经销商对金钱的爱好，给他们更多的利益，是他们成为我们摧毁其他企业的一张底牌。

（3）从供应商获取

可以提供的信息包括对手的生产产量或生产计划安排，供应商向对手供货的数量（间接推算其产量，根据供应商的生产效率和能力以及本公司的需求数量，间接推算竞争对手的需求量和生产规模）。

（4）从行业协会获取

世事无常，因此一个企业要想在当今的社会上站稳，就必须要和其他企业一起站在同一战壕之中，只有这样才能在面临危险时相互帮助，一起渡过难关。这就叫作行业协会，它的作用不仅是在企业危险时能够一起渡过难关，在“和平时代”它将成为企业获取其他企业竞争情报的重要方法。

（5）从消费者那里获取竞争情报

①消费者的作用

同样消费者是我们企业的监护者和使用人，一个好的企业不需要做太多的广告，因为他们的好早已经被传开了。但对一个坏的售后服务企业，同样可以被传得很快，就像人们所说的好事不出门坏事传千里。这样企业产品的消费者就成为企业能否立足市场的关键作用。

②消费者的获取竞争情报方法

当今社会每一个人都喜欢把自己心中的不满告诉自己的朋友或者是陌生人，因为他们认为只有这样才能表示他们的不满和心中的不愤，那么我们就可以通过消费者来了解自己的企业或者竞争对手在消费者心中的地位和发展的前景。

3. 从计算机网络获取竞争情报

当今社会是计算机的时代，计算机的应用也越来越方便。同时也是获取竞争情报的重要路径，我们可以从计算机上获取竞争对手一些企业的管理模式及一些新产品的信息，从这些产品的信息之中获取一些自己要改进的技术和需要加入的成分。同时我们可以利用计算机信息的不定向性获取一些自己企业和除了自己竞争企业以外的信息，以使自己的企业在自己的行业外也有自己的发展空间。这样企业可能会处于不败之地。

竞争情报的获取是每一个企业都要做的程序，我们应该根据自身企业的发展环境和发展方向做出判断，就像古语说的“学习如逆水行舟不进则退”，对于一个企业来说，如果不能在自己的现状上发展起来就会被别的企业超过，以至于自己的企业没有再次步入市场的可能性。因此我们应该从多方面获取竞争情报，来使自己的企业更加繁荣富强。

第四节 情报文献的交流与使用

随着人类社会的不断进步和科学技术的飞速发展，当今情报事业的发展步伐将会有所加快。由于社会日趋信息化，电子计算机技术得到更广泛的应用，人们对情报的需求也就变得越来越迫切，从而对情报事业的发展提出了更高的要求。但现有情报文献的无序状态远不能适应情报用户高度选择文献的需要，因而很有必要加强情报工作自身的建设，强化情报文献的有序化组织与控制。

一、情报文献的无序化缘由

从现有情况来看，情报文献管理的无序化状态是普遍存在的，且有不断加剧的趋势。究其客观原因，主要有两个方面：

第一，文献数量的迅猛增加，使无序化状态呈增长趋势。据英国科学家马丁推测，人类科学知识在 19 世纪是每 50 年增长一倍，到 20 世纪 70 年代每 5 年便增长一倍。联合国教科文组织的统计也表明，80 年代初期世界图书的年出版量为 70 万种，年发表 100 万篇社会科学文献。可见，人类知识总量在近几十年来的增长速度是很快的，文献的累积量已达到了惊人的程度。再加上现代科学技术日趋向高度专门化、综合化的方向发展，不仅导致大量的科学论文散见于各种有关的文献中，而且因为有的作者在撰写论著时，出现观点上的错误或数据推算差错，以及情报工作者在生产二三次情报文献过程中对原始情报文献的失真，便加剧了情报文献的无序化状态，带来了本不应该发生的“情报污染”现象。

第二，文献内容的不断老化，也使无序化状态有所加剧。具体主要体现在以下几个方面：一是文献中所含情报虽然仍有一定的价值，但已被更新的其他观点所替代；二是文献中的情报虽然还有现实价值，但人们对它的关注已处于日渐下降的地步；三是文献中的情报已不成为情报，不再被人们所利用。也就是说，情报文献与其他任何事物一样，也有一个不断新陈代谢的过程，其内容的老化现象是不可避免的，并随着文献数量的叠加而相应地增强，从另一个侧面使这种无序化状态有增无减。

事实表明，我国现有情报文献的无序化状态已经严重影响到情报用户对于情报文献的查询和利用，必须及时采取措施，抓好情报文献的有序化处理，为情报的传递、服务打好坚实的基础。

二、情报文献的有序化组织

情报文献的有序化组织就是依据一定的原则，采取科学有效的手段和方法，使原先杂乱无序的情报文献转化为井然有序的情报文献，更好地满足用户日益专门化、多样化、多层次化的情报需求。

1. 按照属性组织情报文献

我国的传统做法主要是以文献为单元来组织情报的，由于大量情报的产生和分布是不固定的，情报的选择也是随机的，用户不可能准确地知道从什么地方找到自己所需要的相关情报，也无法掌握某一情报文献的准确利用率，因而必须将情报文献看作一个特定的整体，从大量的统计分析中找寻情报文献的概率分布和利用情况。只有这样，才能从把握文献的主要属性着手，科学有序地组织好情报文献。具体有按照外部特征和内容特征这两种整治方法：前者包括引用法、索引法、目录法等，对情报文献的有序化组织起到一定的作用；后者有分类法、主题法等，是比较常用的文献组织方法。情报文献通过分类整序，可以形成分类目录和索引，有助于情报的搜集、报道、咨询和管理。主题法则是将同一主题的文献集中于同一标题之下，按其排序组成主题目录，或输入计算机形成计算机检索体系，有助于情报工作实现自动化和网络化。

此外，还可以采用编写综述、手册、年鉴等三次文献的方式对情报文献进行整理。该方法是高层次的有序组织法，更有助于人们综合利用情报文献，充分发挥情报文献的群体功能。

2. 深入完善文献组织工作

情报文献的有序化组织是一个十分复杂的问题，涉及语言学、逻辑学等方面的知识，因为情报文献的传递过程就是一定语义内容的语言文字的表达理解过程。而我们通常表述和传播情报文献，主要是采用自然语言的形式进行的，如果所用语言文字太复杂，就会影响情报的广泛传播。因此，为能适应情报文献的有序化组织，就需要视不同要求创造出各种特定的人工语言。由于情报文献的有序化组织不仅离不开自然语言和人工语言，还需要采用能将自然语言转换成情报检索语言、计算机语言的各种工具，从而就要求认真研究语言学问题，为情报文献的有序化组织打下牢固的理论基础。

情报文献的有序化组织也是在事物—概念—语言符号的基础上进行科学思维和合理排序的过程。由于各种情报检索语言都是要在概念逻辑和科学分类的基础上来表达一个具体概念和显示各种概念的逻辑关系，并利用概念划分和概念组配的逻辑方法对情报文献进行处理的，因而就需要在研究语言问题的同时，重视做好有序组织的各个层次上的逻辑关系的研究，以便能从理论和实践中不断完善情报文献有序化的整治方法及原理。

三、情报文献的有序化控制

在社会日趋信息化的今天，情报的有效利用已经成为影响社会发展的主要因素，从而更需要运用控制论原理来实现情报文献的科学化、系统化管理。控制论的核心思想是调节和控制，这在自然现象和社会现象中是普遍存在的，对于情报活动当然也不例外。按照这一观点，作为人类知识载体的情报文献，其揭示、交流是能够被认识和控制的。因为任何情报都处于同外界广泛联系的动态系统之中，它既有对外作用的目标，又有其自身内部的多层次结构。只要我们运用控制论原理，建立起有调节和控制功能的情报文献揭示系统，就能一方面不断从外部输入新的情报文献，同时又可及时从内部消除已经失效的老化文献，从而达到对情报文献无序化增长态势的抑制，满足用户全方位、高层次的需求。为此，就应当对情报文献的有序化组织，实行多层次的控制：①控制情报文献的存入与剔除；②提供可控制信息，进行文献整序；③调节内部控制机能；④情报用户及其活动控制。这些控制活动都是通过对情报文献的有序化工作来实现的，包括直接控制、书目控制、评论控制三个层次，在互为补充的基础上以整体结构来完成情报文献有序化的全面控制。

通过上述对情报文献有序化组织与控制的初步探讨，可以获得几点启示：其一，除了要有必要的物质条件来保证情报文献的有序化工作之外，还应培训相应的工作人员，并不断提高他们的政治素质和业务能力。其二，要以科学的态度、脚踏实地的工作作风搞好情报文献的基础管理工作，力求实现规范化、标准化。其三，应加快自动化进程，尽快配备和完善计算机管理系统、情报检索系统，促进情报文献的处理、存储和传递。其四，以只争朝夕的精神抓好情报文献的有序化整治，以能更好地实现文献资源共享。总之，花大力气搞好情报文献的有序化整治是情报工作者的天职。

第五节　情报学的研究方法与范式

在众多的专业学科中，既有热门的经济学类专业也有冷门的像哲学类的专业，提起情报学专业大多数人都会在自己的大脑里画个大大的问号。

一、什么是情报学

情报学是研究情报的产生、传递、利用规律和用现代化信息技术与手段，使情报流通过程、情报系统保持最佳效能状态的一门科学。它帮助人们充分利用信息技术和手段，提高情报产生、加工、储存、流通、利用的效率。

情报学的概念源于欧美国家，至今仍在发展完善中。它不像一些基础学科那样，有着严格而且统一的学科定义。情报学是一门研究情报的性质和特点、影响情报流通的因素，以及有效查取和利用情报的加工技术和方法的科学，它是一门新兴的交叉学科。

二、目前情报学主要的研究方法

社会调查法。通过现场调查针对社会现象搜集数据，进行分析。这种方法又可分为直接方法与间接方法两大类，前者主要是用现场观察法，后者又分为访问调查与调查表调查。

文献计量统计方法。对以记录形式进行交流的各个方面进行计量统计，从中找出变化规律，建立相应数学模型，从定性与定量分析中达到掌握过去与现在的变化脉络，进而预测未来可能的变化。

数学分析法。现代数学的许多分支在情报学的研究中都在应用，如在情报检索理论、情报传递的机制、情报采集方案的确定中，概率论、集合论、模糊数学、微分方程、运筹学等均在应用，甚至数论、图论、泛函分析、变分法等，也可以应用。

系统分析与评价方法。对于情报系统各个侧面与总体，可通过引进系统论等方法，进行分析与评价、规划与设计。由于系统论的研究方法众多，对某一具体研究对象来说，就需要比较不同的方法，从中选择最佳方法，以期获得最优的结果。

历史的研究方法。进行历史的研究一般先鉴别一个历史问题，搜集有关史料，形成假说。然后进一步严格搜集与组织史料，认真加以核实，进行分析，得出结论。历史研究可以帮助我们了解情报学是如何形成的，促使我们了解过去的事件发生的原因、时间、地点与方式。

情报学的研究方法还很多，如德尔斐法、内容分析法、比较分析法、哲学研究法，多综合加以运用。近来又出现空白点分析法、聚类映像法等。

三、德尔斐法

（一）德尔斐法概念及发展过程

1. 德尔斐法的概念

德尔斐法是情报学理论模型构建的一个重要方法，也是非常常见的，极具工作效率的一种方法。德尔斐法是在 20 世纪 40 年代由赫尔姆和达尔克首创，经过戈尔登和兰德公司进一步发展而成的。1946 年，兰德公司首次用这种方法进行预测，后来该方法被迅速广泛采用。

德尔斐法也称专家调查法，是一种采用通信方式分别将所需解决的问题单独发送到各个专家手中，征询意见，然后回收汇总全部专家的意见，并整理出综合意见。随后将该综合意见和预测问题再分别反馈给专家，再次征询意见，各专家依据综合意见修改自己原有的意见，然后再汇总。这样多次反复，逐步取得比较一致的预测结果的决策方法。

德尔斐法依据系统的程序，采用匿名发表意见的方式，即专家之间不得互相讨论，不发生横向联系，只能与调查人员发生关系，通过多轮次调查专家对问卷所提问题的看法，经过反复征询、归纳、修改，最后汇总成专家基本一致的看法，作为预测的结果。这种方法具有广泛的代表性，较为可靠。现在，绝大多数行业在构建情报学理论模型时，德尔斐法都是其首先考虑的一种方法。

2. 德尔斐法的发展过程

我们知道，情报学常见的德尔斐法是在 20 世纪 40 年代由著名情报学专家赫尔默和戈登首创，1946 年，美国兰德公司通过扬长避短，对其进行了发展，并首次用这种方法进行定性预测，后来该方法被迅速广泛采用。

科技领域是德尔斐法的原产生地，后来被广泛运用到军事预测领域、医学预测领域、人口预测领域、教育预测领域等。后来逐渐被应用于任何领域的预测，此外，还用来进行评价、决策、管理沟通和规划工作。

因为德尔斐法是一种匿名的、在所有专家互不知晓的情况下，由专家对问题进行独立解答，然后通过综合所有专家的意见，来确定最好的解决方法，因此，这种方法的准确度非常高，是一种集大成者的方法，因此，德尔斐法现在被广泛应用于各行各业。

（二）德尔斐法的特点

德尔斐法的主要特点是：

1. 集思广益。通过吸收不同的专家参与预测，充分利用专家的经验和学识来解决问题，可以扬长避短，找到最适宜的解决方法。

2. 匿名性。在专家互不知晓的情况下，各自对问题进行解答，各自的观点不受影响，不受干扰，方能提出最中肯的解决方法。

3. 重复性。专家的预测过程可以几轮反馈，使专家的意见逐渐趋同，从而更容易得出更科学的结论。

4. 资源利用的充分性。由于吸收不同的专家与预测，充分利用了专家的经验和学识。

5. 最终结论的可靠性。由于采用匿名或背靠背的方式，能使每一位专家独立地做出判断，不会受到其他繁杂因素的影响。

6. 最终结论的统一性。预测过程必须经过几轮的反馈，使专家的意见逐渐趋同。

这些是德尔斐法的主要特点，正是由于德尔斐法具有以上这些特点，使它在诸多判断预测或决策手段中脱颖而出。这种方法的优点主要是简便易行，具有一定科学性和实用性，可以避免会议讨论时产生的害怕权威随声附和，或固执己见，或因顾虑情面不愿与他人意见冲突等弊病；同时也可以使大家发表的意见较快收敛，参加者也易接受结论，现实生活中似乎没有其他任何一种方式能比德尔斐法的效果更好。

（三）德尔斐法的具体实施步骤及注意事项

1. 德尔斐法实施的主要步骤

（1）组成解答问题的专家小组

德尔斐法的核心是根据专家的意见进行汇总，因此，组成专家小组是进行德尔斐法工作的第一步。按照课题所需要的知识范围，确定专家。专家人数的多少，可根据预测课题的大小和涉及面的宽窄而定，一般不超过 20 人，特殊的情况除外。

（2）匿名分别向专家咨询

德尔斐法之所以效果显著主要因其匿名性。德尔斐法要求分别向所有专家提出所要预测的问题及有关要求，并附上有关这个问题的所有背景材料，同时请专家提出还需要什么材料。然后，由专家分别做书面答复。

（3）收集、汇总、分析专家的意见

各个专家根据他们所收到的材料，提出自己的预测意见，并说明自己是怎样利用这些材料并提出预测值的。将各位专家第一次判断意见汇总，列成图表，进行对比，再分发给各位专家，让专家比较自己同他人的不同意见，修改自己的意见和判断。也可以把各位专家的意见加以整理，或请身份更高的其他专家加以评论，然后把这些意见再分送给各位专家，以便他们参考后修改自己的意见。

将所有专家的修改意见收集起来汇总再次分发给各位专家，以便做第二次修改。逐轮收集意见并为专家反馈信息是德尔斐法的主要环节。收集意见和信息反馈一般要经过三四轮。在向专家进行反馈的时候，只给出各种意见，但并不说明发表各种意见的专家的具体姓名。这一过程重复进行，直到每一个专家不再改变自己的意见为止。

（4）对专家的意见进行综合处理

第四步也是关键的一步，多个专家的意见汇总到一起，要根据所有专家的解答，来综合挑选一个意见相近的答案，所有专家在匿名的条件下根据自己的主观想法做出的解答，如果汇总起来，答案比较接近，往往就是最佳的答案。

2. 在德尔斐法实施的过程中应该注意的事项

（1）匿名性是德尔斐法实施成败的关键。由于专家组成员之间存在身份和地位上的差别以及其他社会原因，有可能使其中一些人因不愿批评或否定其他人的观点而放弃自己的合理主张。要防止这类问题的出现，必须避免专家们面对面集体讨论，而是由专家单独提出意见，只有每个专家单独提出意见，最后汇总起来才能得到最好的答案。

（2）专家的专业性要足够。对专家的挑选应基于其对企业内外部情况的了解程度。专家可以是第一线的管理人员，也可以是企业高层管理人员和外请专家。例如，在估计未来企业对劳动力需求时，企业可以挑选人事、计划、市场、生产及销售部门的经理作为专家。不同行业需要不同的专家，术业有专攻，只有对行业充分熟悉、了解的专家，才能对问题做出最佳的解答。

同时需要注意的是，在德尔斐法进行的过程中，要尽量为专家提供充分的信息，使其有足够的根据做出判断，并且所提问的问题应是专家能够回答的问题；

要允许专家粗略地估计数字，不要求精确。但可以要求专家说明预计数字的准确程度；尽可能将过程简化，不问与预测无关的问题。德尔斐法作为一种主观、定性的方法，不仅可以用于预测领域，而且可以广泛应用于各种评价指标体系的建立和具体指标的确定过程。我们在考虑一项投资项目时，需要对该项目的市场吸引力做出评价。我们可以列出同市场吸引力有关的若干因素，包括整体市场规模、年市场增长率、历史毛利率、竞争强度、对技术的要求、对能源的要求、对环境的影响等。市场吸引力的这一综合指标就等于上述因素加权求和。每一个因素在构成市场吸引力时的重要性即权重和该因素的得分，需要由管理人员的主观判断来确定。这时，我们同样可以采用德尔斐法。

德尔斐法经过很多行业的论证，是一种非常科学的、高效的工作方法，它甚至在各个行业、各个领域都可以发挥自己的作用，如情报学、军事学、社会学、经济学、哲学、市场营销学等，德尔斐法的专业性及其集大成性是其他方法难以比拟的。因此，在图书情报学中，德尔斐法是一种非常重要的，也是很常见的构建理论模型的方法。

情报学已经不仅仅局限于政治上的情报获取，在社会经济发展的今天情报学被更多的企业所用，作为企业数据分析的来源为企业的发展提供情报数据。

四、研究范式

情报学的多学科特性，正是由情报学的多种研究范式决定的。围绕情报学理论研究，可归纳为以下研究范式。

（一）情报学机构范式

机构范式是一种视图书馆和情报中心为社会机构的一组思想和观念，以社会学和教育学观点研究图书馆，从图书馆实践出发，研究资料（采集文献）、组织（行政机构和人员管理）、知识属性（分类、编目、采编政策等），从而驱动资料和组织的有效管理以发挥机构的社会功能。我国 20 世纪 60 年代 -70 年代情报学以及所探讨的文献合理布局，情报所的地位、作用以及情报政策、管理等都是从机构范式出发，对本行业的问题进行研究。

（二）情报学信息运动范式

该范式起始于申农和维纳的通信数学模式：信息源—传输器—噪音—接受器—信息端。信息运动范式关注的是信息运动的过程、反馈和控制。它构成了当代情报检索系统和文献计量学研究的基础。显然，通信数学模式的概念不适合应用在信息语义上，情报用户被视为情报检索系统以外的被动接受者，要去适应检索系统，利用现有的信息。因此，该范式只是从系统角度去对待情报用户，而不是从情报用户角度了解用户的情报需求。

（三）情报学解释学范式

伽尔默尔提出解释学的依据是人对信息、情报的解读、解释因人的知识与经验的不同而取舍，因此要研究传播、语言、文字、知识、理解及解释。如果说卡尔·波普尔偏向把情报作为静态的客观知识来加以纯技术性的分析和处理，伽尔默尔的解释学认为，社会文化以及情报消费主体的知识结构和心理状态在查询、解读和利用情报的过程中产生了至关重要的作用，因此必须关注情报流动过程中情报客体与情报消费主体的交融。

（四）情报学技术主导范式

布什关于实现情报检索自动化的构想，使情报学研究的主流向着利用技术解决问题的范式演变，技术范式对情报学的发展产生了深刻影响。计算机技术突破了人类生产、处理和存贮信息的能力在数量、时间和智力等方面的限制，通信技术的进步，突破了人类传递信息的能力在距离和时间两方面的限制，信息内容开发从点（字、词）、线（字符串、全文文本）、面（数据库、关系数据库）、立体（信息流、物流、资金流的结合）、三维空间（A/V数据挖掘）到万象空间（虚拟真实）不断向纵深发展。情报学研究致力于发展各种先进、高效的情报系统和信息技术应用，但是，情报技术的应用并不是情报学的全部内容，不但如此，由于过分夸大技术的作用，反而导致了重技术轻理论的倾向，忽略情报学的整体研究。

（五）情报学认知范式

由于认知科学的发展，一些研究者开始从认知过程，如注意、知觉、表象、记忆、思维、语言等，来观察信息和情报现象。认知范式强调人的知识结构，研究人的信息处理原理，关注情报的利用和吸收，目的是支持和改善情报系统的设计和情报服务。认知观的变迁意味着情报学研究主体从情报检索系统的设计和开发扩大到强调情报用户的知识结构、认知过程、情报行为和人机交互等认知范围。

（六）情报学知识主导范式

传统情报学的研究对象是文献单元而不是知识内容。英国情报学家布鲁克斯 1980 年提出了著名的布鲁克斯基本方程式，明确地指出情报学的任务是探索和组织客观知识，情报学要对客观知识进行分析和组织，以便绘制出知识的“认识地图”并最终按“认识地图”来组织知识。情报学从文献层次向知识层次的深化、演进与发展是情报学研究的新趋势。知识有显性知识和隐性知识之分。显性知识存在于信息载体上，通常经过符号化、编码化或结构化等文献处理，内容是固定的，外在的。隐性知识存在于人的大脑中、行为上及概念里，是个人的，没有经过文献化、内部化的，以经验为基础的。隐性知识比显性知识更能激活灵感和启发创新，是一种更有价值的知识，但以往这类知识只能靠个人交流获取，无法收集和加工利用。情报学要超越显性知识，研究收集、筛选、加工、整理隐性知识的理论和规律。当前知识经济、知识组织、知识管理、知识发现、数据挖掘、知识产权保护等问题的研究正在成为情报学界研究热点和学科体系成长的标志，最终将使情报学成为研究知识与知识活动包括知识的激活、扩散、转移、组织、增值、吸收、利用等规律性的一门学科。

（七）情报学经济学范式

情报学与经济学的联系早期仅仅是引入经济学中的效用、效益等概念，成本—收益分析方法、投入—产出分析方法等基本方法，借用政治经济学的生产—交换—分配—消费模式来评价情报服务的成本与效率。随后，情报的价值、情报传递的成本与效益以及情报工作的效率等也成为情报经济学的主要议题。

1979年在荷兰海牙召开了国际情报经济学年会，内容主要围绕情报商品与情报市场研究、情报经济效益研究、情报经济管理研究、情报产业和信息化社会发展研究等方面。面向21世纪，信息经济学的研究方兴未艾，网络革命掀起的全球信息化所提出的众多理论课题与实践课题正在推动情报经济学开拓新的领域。例如，信息（情报）经纪业、竞争情报、博弈论、微观经济学中市场结构理论等，都成为情报经济学研究热点。

（八）情报学人文范式

以人为本的思想必然要同人文科学这一更高层次的概念进行整合，从而研究信息民主与信息专制、信息自由与信息保护、信息平等与信息歧视、信息富裕与信息贫穷、信息共享与信息垄断以及信息污染、信息灾害、信息伦理、信息法律、信息政策、信息文化等以人为主体的信息环境中人与人、人与社会、人与文化的相互关系。突出人文因素的研究，提高人的信息素养，使情报学更加符合信息化时代特征和情报学自身的发展要求。

五、情报学与相关学科关系

情报学是在融会许多学科成果的基础上逐渐发展起来的，因此人们称它为一门新兴的、综合性交叉学科。信息科学是研究信息的一门综合性学科。它是一个复杂的科学群体，正处在统一化、体系化的过程中。信息科学的基础是信息论，它只研究信息传输的共性，而不研究信息传输的特性，不涉及传输的知识内容、价值或语义问题。而情报学除了关心传输中的情报结构与形式，还关心传输的知识内容。情报学中专门有一个分支——情报研究，专门研究所传输的知识内容，分析各个学科、专业的水平动向，并进行适当归纳与综合，为各种决策提供支持。但人们仍相信，信息科学可以对情报科学提供一定的理论支持，如它对于消息中有关信息量的概念提供了明确的处理方法。

情报学要充分吸收和利用信息论的成果，以提高情报传递的效率。

计算机科学是通过对信息处理过程的研究，进一步对软件、特殊应用（人工智能）、计算机数学及计算机体系结构等方面进行探索性和理论性研究的一门科学。它是一种工具。计算机科学与情报学有着密切的交叉关系。电子计算机在情报活动中的广泛应用，使情报的搜集、加工整理、存储、检索、传输、开发利用等工作及其手段，发生了巨大的变化。它改变了图书馆和情报机构的传统观念和服务方式。

文献学与图书馆学关系十分密切，文献学或文献工作是情报学的基础之一，因此图书馆学与情报学的关系也较密切。但是情报学现在已越出了传统的以记录载体为主要对象的阶段，着眼于广义的人类知识交流。一般来说，图书馆是以藏书、出纳、阅览等为工作重点，而情报中心则侧重加工、报道、研究以至提供各类情报，信息进行综合分析的质量以及情报服务的及时性和有效性作为衡量其工作之重要标志。

科学以科学技术整体活动作为研究对象，主要是研究科学技术发展的结构、机制、趋向及与相关领域如政治、经济、文化、社会的关系。它是自然科学与社会科学交叉的产物，是综合性很强的新学科。但是科学技术的发展离不开学术交流。一个研究课题确定后，先要查文献。科学技术发展的具体体现是出人才出成果，而人才与成果最终也要在文献上表现出来，这是情报学着重探讨的一些问题。因此，情报学也同科学密切相关。再如科学计量学是科学的一个分支，而在情报学中也有所谓文献计量学，两者内容是相同或接近的。只不过前者侧重为科学管理决策服务，而后者侧重为情报的科学管理服务。

管理学与情报学的关系也十分密切，情报管理就是管理学中的一部分。政府、企业或事业单位的领导人要在复杂情况下做出判断与决策，必须要有信息与情报做根据，而下属机构在实施决策过程中，又要不断将情况反馈给上级部门。为了使各种情报在部门内部外部顺畅流动，必须对情报流动进行科学管理，才能制定正确决策，并使之顺利实施。在情报活动过程中运用先进技术手段，因此它与物理、机械、电工、电子等硬科学也有密切联系。此外，情报学还与控制论、通信科学、语言学、语义学、社会经济学等有着密切的关系。

六、情报学发展前景

由于情报工作对促进人类社会和经济的持续进步正在发挥越来越大的作用，随着信息技术的高速发展和信息化社会的到来，情报学的发展前景将是广阔的。

人们对其前景的预测就是在这一基本认识和估计下展开的。

1. 情报学是以情报工作实践为依据而形成的理论，是一项涉及面非常广泛的社会事业。随着时间的推移，情报社会化的程度将日益提高，传统情报系统的观念也将发生大的变化，情报工作将向产业化方向逐渐发展。

2. 情报是人类的一种精神财富，不仅由每个有情报意识的人脑来承载，而且需要“世界大脑”来承载。为了使人们在任何时候都能容易地取得所需要的任何情报，这就需要把情报学的研究放在现代化的技术手段的基础上来开展。光盘、数字通信、光纤通信、人工智能、专家系统等先进的理论与技术将获巨大发展和应用。技术的发展又将对整个情报学产生极其深刻的影响。情报学在高新技术的武装下，有可能为人类创造性思维活动提供增智工具甚至人工大脑，协助人们进行更加复杂的思维活动。

3. 情报学的内容与框架必将扩大，而不会局限在狭小的科学情报的范围内。除了纸载文献这一情报传统媒体外，其他各种形式的情报媒体——声像、缩微、电子出版物等正在不断涌现，这些非纸的媒体的出现将改变办公室的面貌，使人们开始考虑“无纸信息社会”和“人机对话社会”的出现。社会生活的这种变革，将使情报学在更宽广的领域内展开。

4. 情报学除了会在情报产生、加工、传播等环节上继续加深外，情报交流全过程的研究将会发展，情报利用问题将会凸显出来。如果未来在情报学的研究上会有所突破的话，很可能将发生在情报利用的问题上。而情报利用问题的研究反过来又会促进与加深其他环节的研究。

5. 随着社会的向前发展，情报学的综合化趋势将更加明显，会出现更多的分支。在文献计量学的基础上，情报计量学将会得到发展。信息产业在经济中的突出位置，将促使对情报经济问题研究深化。在情报社会化的进程中，情报社会问题的研究将提到日程上来。情报学吸收哲学的营养，有可能使现有概念体系升华，引申出相应的定理与定律。

6. 在研究方法上，将从定性的研究过渡到定量与定性相结合的研究，并将借鉴与吸收其他学科的研究方法，加以改造，创造出更有特色的研究方法，从而给本学科注入新的活力。

7. 随着科学研究事业的发展，情报学有可能成为21世纪的重要学科之一，它将紧紧地与高新技术结合在一起，逐步形成更加充实的学科体系与研究规范，将揭示未来信息社会中人们情报活动的规律性，以及情报信息在社会、经济、文化中的巨大影响与作用。

第三章 图书情报与档案信息管理

第一节 图书情报学概要

图书与情报科学在我们今天的社会发展中占据着重要的地位。图书与情报科学是两个社会科学综合性的学科，它是将图书馆学与情报学合二为一，变成一个有机整体，为人们的信息需求提供最大的便利。图书情报学是指图书馆业务学科和情报信息学科结合的一门学科。进入 21 世纪，随着科技的飞速发展，世界各国的联系不但加深，图书情报学界以空前高涨的热情和异常活跃的思维开展世纪之交的图书情报学研究，在总结 20 世纪图书情报事业发展历程和经验教训的同时，盘点图书馆学情报学的知识积淀和学术成就，图书与情报科学在未来的发展会取得更大的进步。

通过国内外对图书情报学的相关研究来看，我们很容易看出图书与情报管理在很多国家都被视作一个有机的整体。可见，现在已不是单说图书馆，而是把图书馆与情报这两个名称结合起来。如果把当初的图书馆比作一个细胞，那么，诸如文献学、情报科学、情报学这些名称就是图书馆这个细胞所分裂出来的另一个细胞。这两者曾有一段时间处于对抗状态，后来又渐渐融合起来，但仍然停留在两个细胞的范围里。再后来，由于相关学科的细胞的加入，遂发展到形成合二为一的专门领域的阶段，至此，我们已大致明确了图书馆、情报学以及其他构成要素的相互作用和地位。

图书情报专业的研究主要包括图书馆学、情报学、档案学等内容，其中既包括信息，又涉及管理，范围十分广泛，对需要进行数据信息查询、使用的读者来说，十分便捷且有必要，是未来图书馆及情报信息发展的一个趋势。

一、图书情报学的内容

图书与情报科学包含的内容十分广泛，从图书馆学、情报学，到文献学、目录学、经济学、统计学、传播学、历史学、语言学、逻辑学等，包罗万象，其中最重要的内容就是图书馆学与情报学的内容。

（一）图书馆学的内容

图书馆学是研究图书馆的发生发展、组织管理，以及图书馆工作规律的科学。它的主要内容有：

1. 信息资源建设；
2. 信息组织与信息检索；
3. 图书馆用户和图书馆服务；
4. 新技术在图书馆的应用；
5. 图书馆的管理与图书馆事业的发展。

（二）情报学的内容

情报学是研究情报的产生、传递、利用规律和用现代化信息技术与手段使情报流通过程、情报系统保持最佳效能状态的一门科学。它使人们正确认识情报自身及其传播规律，充分利用信息技术和手段，提高情报产生、加工、贮存、流通、利用的效率。情报学的主要内容有：

1. 情报的产生、内容、特点和结构；
2. 情报的传播、交流和利用；
3. 情报的储存和检索；
4. 情报的标准和规范；
5. 情报系统和网络；
6. 情报用户和情报需求；
7. 情报的大容量存储和高速传递；
8. 情报学与相关学科；
9. 现代化信息技术和手段在科学情报领域的应用；
10. 情报的经济学与社会学。

二、图书情报学研究的目标与意义

随着信息技术的进步和消费者需求多元化的影响，加之图书馆学与情报学自身的发展需要，图书馆学、情报学的研究发展也不断发生着变化，但图书馆学、情报学归根结底是应用服务型学科，所以图书馆学、情报学发展的总体方向应是拓宽服务领域，深化服务内容。在新时代、新要求下，它的发展目标与意义是：

（一）为社会发展提供服务

现今社会，评价任何一个事物、一个体系，主要看其能否适应现代社会多元化的要求。现代社会是一个知识和信息高度流通的时代，知识和情报已成为重要的经济资源，图书馆应充分发挥其资源优势、技术优势和人才优势，为社会大众和企业提供服务。

首先图书馆开始为民众承担多方面的教育任务，开展使用图书馆和电子资源的检索和利用等培训；向用户提供数字化的学习资源，提供网上咨询与解答等全方位的信息服务，便于读者掌握科学的学习方法，及时获取他们所需的信息。其次，图书情报机构应为企业提供高质量的信息服务。通过为企业提供市场信息和技术资料，分析竞争对手情报，为企业培养情报人才等，帮助企业及时了解市场的行情和前沿动态。另外，帮助企业学习国家政策的指导和法律，从而使企业各项经济活动沿着正确的方向发展，促进企业发展。

（二）为特殊群体开展服务

以人为本，体现在图书馆学、情报学的服务中，每一位读者都需要得到尊重、关爱和平等对待，图书馆学、情报学的服务对象范围不应仅局限于社会大众，还应该逐渐加深对一些特殊群体的读者服务，其服务领域将不断扩大，服务形式也必将不断深化。

在以往针对读者服务的过程中，图书馆面向社会大众的服务居多，我们很少关注到那些特殊群体阅读的特殊性和真正需求，在这方面可借鉴的历史经验也较少。图书馆应关注特殊群体的内心需求，掌握特殊群体的基本情况，做好需求研究，围绕他们当前的需求和潜在需要展开长期的追踪研究，从而提供相应载体的资料供其学习。另外，充分利用舆论宣传工具，如电视、网络、报纸、期刊等各种媒体宣传图书情报知识的作用及其对个体和社会所带来的积极影响，呼吁全社会重视和关注特殊群体的需求，诚邀社会机构或团体加入图书馆对特殊群体的服务中。通过与社会机构或者团体之间建立良好的沟通基础，借助他们的力量共同为特殊群体提供图书服务。

（三）为其他学科提供服务

在现今开放式的发展环境中，图书馆学、情报学内容逐渐完善，领域宽广，与其他学科交融关系越来越密切。促使图书馆学、情报学加强与其他学科间的相互交叉渗透，不断地向其他学科领域提供研究方法。今后随着图书馆学、情报学理论体系的完善，其研究方法和研究内容对其他学科的发展一定会有越来越重要的借鉴意义。除了图书馆学、情报学可以促进其他学科体系发展之外，随着图书情报机构服务的深化和发展，图书情报学科可以进一步发展自身的优势，利用自身学科的研究方法，对繁荣复杂的信息进行整理加工，为其他学科提供各种文献分析、数据处理、信息跟踪的方法技巧等，帮助其他学科做好科研工作，从而为其他学科的研究提供服务。

通过对国内外图书情报学学科热点进行研究，不仅有利于掌握国内外图书情报学研究的发展动态，同时有利于了解国内外图书情报学领域的重点研究机构、研究项目与研究方向。相关研究迹象表明，国外图书情报学的理论研究与实践对国内图书情报研究与实践产生了重要的影响，迄今为止，国内图书情报学研究总体上仍滞后于国外的发展，但在局部领域也不乏一些具有自身价值和优势的研究成果。如何理性看待国内外图书情报学研究热点之间的关系？国外研究对国内研究将产生怎样的影响？未来学科发展趋势如何？对这些问题予以明确并进行深入探讨，将有利于指导国内图书情报领域有效开展原创性与跟踪性研究，推动事业沿着理性、健康的轨迹顺利发展。

图书与情报科学的发展对图书馆信息事业有了一个质的推进作用。随着知识经济和信息经济时代的到来，图书馆事业定将得到空前的发展，图书馆学在为经济、政治、文化、教育和科学研究服务方面必将发挥更加重要的作用。图书情报学的发展意义不在于它本身是否得到了巨大的变革与发展，它最大的意义就在于其发展是随着社会需求的发展而发展的，它的发展，最大限度地满足了人们对图书馆信息情报的多元化需要，极大地提高了社会工作效率，这才是图书与情报科学的核心价值。

第二节　档案学概要

一、档案收集

1. 档案收集工作的意义：档案收集工作是整个档案工作中极为重要的一个环节，与档案工作中其他各项工作比较起来，它处于一种特殊的地位，做好档案收集工作对整个工作都具有重要意义。

（1）收集工作是档案工作的起点；是档案业务基础工作中的基础；档案的收集，就是整个档案馆（室）取得和积累档案的一种手段。

（2）从组织整个国家档案工作来说，档案的收集工作是贯彻集中统一管理原则的一项重要内容和首要的具体措施。

（3）从收集工作质量高低的影响来说，它直接关系到档案工作的其他环节。

2. 档案收集工作的要求：

（1）丰富馆藏；

（2）加强馆外调查和指导；

（3）推行入馆档案的标准化；

（4）保持全宗和全宗群的不可分散性。

3. 机关内文件的归档。

二、档案整理

1. 档案整理工作的内容

（1）在正规的工作条件下，档案室所接收的是文书部门和业务部门按照归档要求立好的案卷，档案馆接收的是由机关档案室根据入馆要求整理移交的案卷。

（2）对整理不善的档案进行局部调整。

（3）对零散文件的整理。

2. 档案整理工作的原则

（1）档案的整理必须保持文件之间的历史联系；历史联系主要表现在文件的来源、时间、内容和形式等方面。

（2）档案的整理应该充分利用原有基础。原有基础指：第一，充分重视和利用先前整理的基础，以确定档案整理的任务和要求，不要轻易打乱重整；第二，在档案整理过程中，应该充分研究和利用原来整理的成果，不要轻易破坏以往整理和保存的历史状况。

（3）档案的整理必须便于保管和利用。

3. 全宗

（1）概念：全宗就是一个独立的机关或著名人物在社会活动中形成的档案的整体。

（2）意义：区分全宗是档案整理工作的首要环节。全宗不仅是整理方法问题，也是一条原则、一种理论，称为全宗原则和全宗理论。全宗理论是在档案集中管理过程中产生的，是随档案工作的发展而不断完善的。全宗理论的确立，对档案室、档案馆档案的管理有重要的组织作用。全宗理论发展的历史，是与档案整理的不同原则联系在一起的。

4. 全宗构成的条件和立档单位

形成全宗的机关，称为立档单位，又称全宗的构成者。一个机关就是一个立档单位，一个立档单位形成的全部档案就构成一个全宗。

（1）构成条件：第一，可以独立行使职权，并主要以自己的名义单独对外行文；第二，是一个会计单位或经济核算单位，自己可以编造预算或财务计划；第三，设有管理人事的机构或人员，并有一定的人事任免权。三个条件是统一的，是从不同侧面反映一个单位的独立性。最基本的是第一个条件。在分析或研究一个组织单位能否构成一个立档单位时，应当明确，机关的大小和档案数量的多少，并不影响它成为立档单位。有的组织单位也可能不完全具备上述三个条件，但它实际上却是一个独立的机关，或由于某种特殊需要，它所形成的档案也可以构成一个全宗。

（2）立档单位。

5. 立档单位的变化和全宗的划分

机关单位的增设、撤销、合并以及机关名称的改变、职权范围和隶属关系的调整等各种变化。这些情况，有的会影响全宗的划分，有的则不涉及全宗的变化。研究某一立档单位是否有根本性的变化，主要应该从立档单位的政治性质、生产关系性质和基本职能等方面去考察。

6. 人物全宗

人物全宗就是社会知名人士（如社会活动家、科学家、作家、艺术家、教育家等）在其一生活动中形成的档案整体。人物全宗包括个人的著作、手稿、日记、信件、遗嘱以及记载个人（包括家族、家庭）社会活动的全部材料，还包括别人所写的和收集的与人物全宗构成者个人、家庭、家族有关的材料，以及直系亲属能够说明立档单位情况的材料。

7. 全宗的补充形式

（1）联合全宗。是若干独立机关形成的档案，由于混在一起难以区分立档单位而联合组成的一个全宗。

（2）全宗汇集。就是由档案数量极少的若干全宗，按照一定的特点组成的一个全宗集合单位。

（3）档案汇集。就是由不明所属全宗的零散残缺文件，按照一定的特点集中起来的混合体。

8. 全宗群

整理和管理档案，不仅要注意全宗的完整性，还应该注意全宗之间的相互联系。

9. 全宗的编号与排列

（1）通常涉及档案管理中的三个环节：

A. 全宗的编号一般是在档案馆接收全宗时于全宗名册上登记编定的，它属于统计工作的一个具体的技术项目；

B. 全宗在库房内如何排列存放，属于保管工作的范畴；

C. 全宗号的编定，作为档号的组成部分填写于案卷封面，全宗的系统排列等也属于档案的基本编目和系统化的课题。

（2）全宗号的编制和使用方法：

A. 按国家档案全宗的三部分各依全宗进馆的时间顺序分编流水号；

B. 按本馆全宗的时间、地区、性质等分编流水号；

C. 所有全宗一律按进馆顺序统一编定流水号；

D. 按全宗的重要程度编号；

E. 按全宗群连续编号；

F. 按全宗群留空统编全宗号；

G. 分组单编全宗号；

H. 多级分类单编全宗号；

I. 编大全宗号；

J. 对一部分全宗实行等级分类编号，另外一部分全宗实行序时流水号。

尽管十多种具体的编号方法各不相同，但就其主要特点来说，可概括为两种类型：序时流水编号法和体系分类编号法。前者也可简称流水法，后者可简称分类法。流水法，无论是一律大流水，还是先分类别，而后对每个具体全宗的排序和给号，都是依时顺列。分类法，无论是统编号还是分编号，无论是一次划分还是多层分类，而对每个具体全宗的排序和给号，主要不以序时方法，而用逻辑方法。对全宗编号，主要应采用流水编号的方法。

10. 分类的一般方法

（1）按文件的产生时间分类，具体包括年度分类法、时期分类法两种；

（2）按文件来源分类，包括组织机构分类法、作者分类法、通讯者分类法三种；

（3）按文件的内容分类，包括问题分类法、实物分类法、地理分类法三种；

（4）按文件的形式分类，包括按文件的种类来分类、按文件的制成材料分类、按文件的形状分类三种。

11. 常用的分类方法

（1）年度分类法：也称年代分类法，就是根据形成和处理文件的所属年度将全宗内档案分成各个类别。

（2）组织机构分类法，就是根据文书处理阶段形成和处理文件的承办单位进行分类，即按照立档单位的内部组织机构将全宗内档案分成各个类别。

（3）问题分类法，就是按照档案内容所说明的总是将全宗内档案分为各个类别。

12. 分类法的选择和分类方案的编制

（1）组合分法：年度—组织机构分类法；组织机构—年度分类法；年度—问题分类法；问题—年度分类法。

（2）分类方案：为了便于对全宗内档案具体地进行分类，在选定某种分类方法之后，就应编制一份“分类方案”。分类方案，就是标列各个类目名称，表示全宗内档案分类体系的纲要，所以又称“分类大纲”。分类方案的类目力求明确和具有系统性。

13. 机关内党、政、工团档案分类

（1）在一个全宗内，首先将档案分成党政工团等若干部分，在每一部分中再行分类整理；

（2）在全宗内，先将机关内最高机构和各单位的档案分别分成党、政、工、团若干部分，再在每一部分中继续分类整理；

（3）全宗之内的档案首先按年度分类，每年度分成党、政、工、团若干部分，再继续分类整理；

（4）在全宗内，只分党、政两大部分，或在每一年分两部分。

14. 人物全宗内档案的分类

（1）生平传记材料；

（2）创作材料；

（3）公务活动材料；

（4）个人书信；

（5）经济材料；

（6）亲属材料；

（7）评价材料；

（8）音像材料；

（9）其他材料。

15. 立卷

（1）定义：一个全宗的文件经过分类之后，各个类内都有相当数量的文件，还要进一步系统化，将若干文件组成案卷，称为立卷（也称组卷）。

（2）立卷工作的内容：组成案卷单位，拟写案卷标题，卷内文件的排列与编号，填写卷内文件目录与备考表，案卷封面的编目与案卷的装订。

（3）意义：案卷是密切联系的若干文件的组合体，它是档案的保管单位，通常也是统计档案数量和进行检索的基本单位之一。案卷是组成全宗的基本单位。立卷是档案整理工作的重要基础。

16. 案卷组合方法

主要是根据文件构成的特点，将具有某方面共同点和联系密切的文件综合在一起组成一个案卷；一些具有不同特点、联系不密切的文件，可以分别组成案卷。立卷的“六个特征”如下：

（1）按问题立卷；

（2）按作者立卷；

（3）按文件（名称）立卷；

（4）按时间立卷；

（5）按地区立卷；

（6）按收发机关立卷。

六个特征综合运用。

17. 卷内文件整理

内容：卷内排列和编号，填写卷内文件目录和备考表。

18. **案卷封面编目和案卷装封**

（1）主要项目包括：立档单位名称、组织机构名称、案卷标题、卷内文件的起止日期、总页数、保管期限以及全宗号、案卷目录号、案卷号等。

（2）拟写案卷标题以及整个案卷封面编目的基本要求：

A. 历史观点和政治上的正确性；

B. 文字简练，表达准确；

C. 标题基本结构力求完整。

19. **类内案卷排列和案卷目录**

（1）案卷排列：全宗内档案，经分类、立卷以后（或档案馆、档案室接收的案卷），还必须进行系统的排列。全宗内各类的序列，已在分类方案中排定，所以通常所说的案卷排列，就是根据一定的方法，确定每类内案卷的前后次序和安放的位置，保持案卷与案卷之间的联系。

（2）案卷排列的方法：

A. 可以按照案卷所反映的工作上的联系来排列；

B. 可以按照案卷内容所反映的一定问题来排列；

C. 可以按照案卷所属的起止日期（时间）来排列；

D. 也可以按照文件的作者、收发文机关以及文件内容所涉及的地区来排列；

E. 人事档案或监察、信访等按人头立成的案卷，还可以按姓氏笔画、汉语拼音字母顺序或四角号码等方法排列。

（3）案卷目录：一个全宗内的全部档案，经过分类、立卷进行了系统的排列后，应当将案卷逐个登记到案卷目录上。案卷目录也就是案卷的名册，是著录案卷内容成分并按一定次序编排的一览表。

（4）案卷目录的作用：

A. 固定全宗内档案的分类体系和案卷排列顺序，最后完成档案整理工作；

B. 介绍全宗内案卷的内容和成分，是查找利用档案最基本的检索工具，也是编制其他检索工具的基础；

C. 它是档案登记的基本形式，也是统计和检查档案的重要依据。

（5）案卷目录的类型和选择：综合目录和分册目录。分册目录又可分为：

A. 以全宗内档案分类的类别为单位编制的案卷目录；

B. 按保管期限编制的案卷目录；

C. 按保管期限结合分类方案编制的案卷目录；

D. 按机密程度分别编制。

（6）案卷目录的结构：封面和扉页，目次，序言或说明，简称表，案卷目录表，备考表。至少一式两份，一般一式四份为好。以全宗为单位编定各本目录的顺序号，称作“案卷目录号”，简称“目录号”，是“档号”的重要组成部分。

20. 档案整理工作的组织

（1）档案整理工作基本程序：区分全宗、分类、案卷的编立、案卷排列以及编制案卷目录等主要步骤。

（2）档案的系统化与基本编目。

（3）现行机关档案整理工作的组织：归档制度与档案室档案整理工作的关系；档案形成过程中划分全宗和分类；档案形成过程中案卷的编立和目录的编制工作。

（4）积存档案和零散文件整理工作的组织：整理工作方案，对立档单位的历史沿革和档案状况的态度，零散文件的整理程序。

21. 档号

（1）使用的混乱现象：一是档号残缺不全，馆内许多全宗没有全宗号，全宗内许多案卷目录没有目录号；二是编号重复，一个馆内有相同的全宗号，一个全宗号内有相同的目录号，一本案卷目录中有相同的全宗号，一卷之内有相同的文件页码。

（2）组成：全宗号、案卷目录号、案卷号和卷内文件页（张）号。对不装订的案卷往往还编有文件的件号。

（3）档号的使用规则要求：档号要完整成套，一般上述几部分档号均应编排；一个档案馆内的全宗号不能重，一个全宗内的案卷目录号不能重，一本案卷目录中的案卷号不能重，一个案卷内的文件件号、页号也不能重。

三、档案鉴定

1. 档案鉴定工作的内容

一方面确定哪些档案应该保存，保存多长时间；另一方面确定哪些档案不予保存，应进行销毁。

2. 档案鉴定工作的意义

（1）如果无论档案有无价值和价值的大小，全部加以保存，而且还会源源不断地涌进新的档案，这样首先就会使原有的档案体系逐渐拥塞庞大起来，有价值的珍贵的档案淹没于大量失去价值的档案之中，不易被人发现或难以找到，因而也就影响了效率，并使档案的效益不能得到充分发挥。

（2）大量失去价值的档案充塞库房，与有价值的珍贵的档案同样进行整理和保管，无疑是浪费人力和物力，相对地，延缓有价值的档案的整理速度，妨碍有价值档案保管条件的改善。

（3）如发生突然事变，就不易及时抢救出重要的、珍贵的档案。为了有区别、有重点地保存档案，必须鉴别各种档案的价值，去粗取精，使保存的档案具有较高的质量。

3. 决定档案保存价值的因素

一方面，档案自身的特点和状况是决定档案保存价值的基础；另一方面，社会利用需要是档案发挥作用的必要条件，是决定档案保存价值的社会因素。两方面的因素是相互作用、辩证统一的。档案客体，是档案社会价值的物质承担者；利用档案的需要，是档案价值实现的社会条件。两方面的因素，都是客观存在的。鉴定档案的保存价值，就是鉴别和分析决定档案保存价值的客观因素，估计和预测每份文件、每个案卷、每部分档案是否有作用，能起什么样的积极作用，以及这种作用的时限，从而确定它们是否需要继续保存，需要保存多长时间。

4. 鉴定档案的原则

鉴定档案，必须从国家和人民的整体利益出发，用全面的、历史的观点确定档案的保存价值。

5. 分析档案价值的一般方法

（1）分析文件的内容是鉴定档案价值最重要的一个方面；

（2）分析文件的来源、时间和形式等特点；

（3）分析全宗和全宗群内档案的完整程度。

鉴定档案必须根据每份文件或每组文件的具体情况，一方面，分析文件载体上所表现的各种特点，即以文件内容为中心，全面联系地分析文件所属的立档单位，文件的作者、产生时间、名称、可靠程度、有效性和外形特点等诸因素；另一方面，同时分析档案的被保存程度，即以全宗、全宗群以至馆藏对象，全面联系地分析它的成分及其完整性，在此基础上进一步分析文件自身的相关特点，科学地判定档案的价值。

6. 关于鉴定档案的方法论问题

（1）研究档案利用规律，预测未来利用需要；

（2）研究档案保存的效益；

（3）掌握档案的重要性与保存时间长短的关系；

（4）档案保存价值分析的弹性处理方法；

（5）档案保管期限结构的科学处理。

7. 档案保管期限表

（1）定义：就是用表册形式列举档案的来源、内容和形式，并指明其保管期限的一种指导性文件，它是鉴定档案保存价值和确定档案管理期限的依据和标准。

（2）类型：

A. 标准的档案保管期限表；

B. 专门的档案保管期限表；

C. 同系统机关档案保管期限表；

D. 同类型机关档案保管期限表；

E. 机关档案保管期限表。

以上各类型之间具有一定的相互关系。标准的档案保管期限表对其他几种保管期限表具有指导意义；机关档案保管期限表又必须以标准的和上级机关颁发的各种通用档案保管期限表所规定的保管期限表为依据。各种类型的档案保管期限表不能缩短标准档案保管期限表所规定的保管期限，但可延长保管期限。这种相互制约关系，是社会主义的档案集中统一管理原则的体现，它有利于妥善地制定有关的档案保管期限表和实际确定档案材料的保管期限。

（3）结构：通常由顺序号、条款、保管期限、附注以及总的说明等部分组成，其中条款和保管期限是最基本的项目。条款较多的保管期限表，还须把条款加以分类。

（4）保管期限的划分：永久、长期、短期。永久保存，就是无限期地尽可能长远地保存下去。长期保存，一般是指档案须保存十六年至五十年；短期保存，一般是指十五年以下。后两者称为定期保存。定期保存的计算方法，一般是从文件产生后的第二年计算，有些特殊文件和专门文件可以从其失效、结案后算起。所有确定为定期保存的档案，到保管期满后还须复查一次，如发现有继续需要保存的，仍应保存下去，有的延长保管期限，有的转为永久保存。

（5）不同保管期限的档案构成：列为永久保存的档案，是对社会主义事业的各项工作以至世代永久具有查考作用的档案；列为长期保存的档案，是不具有广泛社会意义和科学历史意义的，而属本机关在较长时间内进行机关工作需要查考的文件材料；列为短期保存的档案，是低于上述两个层次的，本机关在较短时间内需要查考的文件材料。

（6）编制方法：

A. 准备工作；

B. 起草工作；

C. 征求意义和修正草案。

8. 档案鉴定工作制度的基本内容

（1）鉴定档案的标准；

（2）鉴定工作的组织领导；

（3）销毁档案的批准制度和监销制度。

9. 档案鉴定工作的组织方法

（1）鉴定档案价值的基本工作方法——直接鉴定法，即直接审查档案。首先，要求鉴定人员根据鉴定档案价值的原则和标准，按照档案的实际情况直接鉴定其价值，同时，根据档案保管期限表来鉴定档案价值时，也只有在直接审查了档案的实际情况后，才能确切地知道它适合和参照保管期限表的某一条款，确定其保管期限；其次，直接鉴定法要求鉴定工作人员逐件逐张地审查文件，而不是仅仅根据案卷目录和案卷标题就判定其价值。直接鉴定法是保证鉴定工作质量的重要方法。直接鉴定档案一般是以案卷为单位进行的。

（2）现行机关档案价值的鉴定工作。

（3）档案馆档案价值的鉴定工作。

10. 档案的销毁

（1）档案销毁清册；

（2）立档单位和全宗简要说明；

（3）档案销毁方法。

四、档案保管

1. 档案保管工作概述

（1）含义：档案的保管，就是根据档案的成分和状况，所采取的存放和安全防护措施。

（2）内容：

A. 档案的库房管理；

B. 档案流动过程中的保护；

C. 保护档案的专门措施。

（3）任务：为了解决安全留存的要求和档案可能损坏之间的尖锐矛盾。档案损坏和遭受破坏，不外乎社会原因或自然原因，或者是人为因素和自然因素两方面。档案保管工作的任务，就是了解档案损坏规律，通过经常性工作，采取专门的技术措施，最大限度地防止和减少档案的损毁，延长档案的寿命，维护档案的系统性和完整性，保证档案的政治安全。

（4）意义：档案保管工作质量的高低，对提高档案管理水平具有重大的影响。档案保管工作是整个档案工作有机组成部分，它与其他环节有着密切的联系，不能离开其他环节而单独存在和孤立进行。档案保管工作不是单纯为保管而保管，其最终目的是保证党和国家各项工作对档案的利用。档案的保管和便于提供利用基本上是一致的。

2. 档案的包装

（1）卷皮：包装文件的基本方法，不仅是为了保护文件，同时它本身又是案卷的封面，有利于档案的检索利用和取放。要注意其坚韧性，并要防止生虫，适宜于装订或存放不同厚度的案卷，尺寸应根据文件的大小设计。账本、照片等可不另加卷皮。

（2）卷盒：一种比较好的方法。不仅能防光、防尘和减少机械磨损，还便于档案的科学管理，搬运起来也方便。要注意坚固性，防止生虫；卷盒的开关和档案的取放必须方便，以减少磨损；表面宜光滑便于除尘，色调宜暗色不易污染；尺寸必须根据案卷的大小拟定，长和宽可以比案卷稍大一点，高在 25 厘米以内，对于能够竖立存放的案卷，也可以采用书套式的卷盒。

（3）包装纸：临时措施。

3. 库房的管理

（1）档案库房编号：一种是为所有的库房编一个总的顺序号，适合于库房较少的档案馆（室）；另一种是根据库房所在地的方位及库房建筑的特征进行分区编号。

（2）档案架（柜）的排放和编号：要求排列一致，横竖成行；有窗库房的架柜排列，应与窗户垂直，不要有碍通风；架柜排列应注意最大限度地利用库房的地面与空间，但也便于档案的搬运和取放。

（3）档案的存放与全宗排列：

A. 在我国一般的档案馆和档案室所保存的档案，都是按照全宗进行整理和保管的，考虑存放时，首先应按全宗来进行，一个全宗内的档案应集中在一起。

但是也有特殊情况，如库房或柜架预留的空位已被排满或新入馆的档案不能与先入馆的同一全宗的档案放在一起的时候，可以暂时单独保存，待有可能调整时，再将一个全宗的档案集中起来；又如有的全宗内可能还包括一部分影片、照片、录音带、录像带、技术图纸或会计报表等档案，这些不同类型的档案，可以分别保管。对于暂时或定位分别保管的全宗中的这部分档案，应填写参见卡，把它放在原全宗（全宗主体）存放位置内，指明其存放的地点，以保持其应有的联系。

B. 库房内各个全宗单位，应进行系统排列。全宗排列方法主要有按全宗顺序号流水排列法和全宗分类排列法两种。前者对库房空间和全宗实体的安排比较方便，后者对全宗的系统管理和全宗的信息控制较为有利。在我国，通常采用按全宗群排列的方法，即在保持全宗完整的情况下，安排所有全宗存放地点的时候，尽量将同一时期同一系统或相同性质的全宗放在一起，以保持全宗与全宗之间的联系。在安排一个全宗内案卷排列次序时，必须严格按照全宗内既定的分类体系和案卷的顺序号进行，以保持案卷之间的联系。

C. 当确定了全宗和案卷的排放次序后，就可以组织上架，上架的次序应根据档案架柜及栏、格的编号次序进行。

D. 存放方式一般有两种：竖放和平放。竖放是目前采用比较广泛的一种方式，其好处是检取和存放案卷比较方便。平放的方法，虽然取放不方便，但对保护档案是有利的，比较舒展，文件上的折皱日久后就会消失，适合于保管珍贵档案和不宜竖放的档案，堆叠高度以不超过 40 厘米为宜。

E. 库房内档案的存放位置，是以全宗和全宗群理论为指导进行系统排放的，而全宗及其内部成分的具体排列又有自己的特点，一是全宗内档案成分一般按整理编号的顺序排列上架；二是档案馆内全宗的排列则一般不按全宗顺序号，而按全宗的性质分类排列。

（4）档案存放位置索引：第一种指明档案的存放位置，即以全宗及其各类的档案为单位，指出它们的存放位置；第二种指明各档案库房保存档案情况，即以档案库房和档案架柜为单位，指出它们保存了什么档案。这两种索引，按形式又可分为簿籍式和卡片式两种。

（5）档案代理卡。由于提供利用或档案馆（室）内部工作需要（如重新整理、修补、复制、编检索工具等），经常需要将库房中已上架安排放好的档案暂时移出库外，为便于库房管理人员掌握档案流动情况和安全检查，可以填制一种卡片放在档案原来存放的位置，即通常所谓的代理卡或代卷卡。

（6）全宗卷：在档案馆（室）工作中，专门为了保存和管理某一全宗而形成的能够说明其全宗历史情况的文件材料，以全宗为单位组成专门案卷，称为全宗卷。全宗卷通常包括下列材料：移交和接收全宗的文据，立档单位和全宗历史考证，全宗整理工作方案，全宗内档案数量和状况的检查登记表册，档案销毁清册，全宗指南等。全宗卷是在档案馆或现行机关档案室本身的工作活动中形成的一种档案。它与档案馆（室）所保管的全宗有着密切的联系，是对全宗进行整理、鉴定、统计、提供利用以及进一步收集该全宗范围内档案的重要依据，是档案馆（室）管理全宗和保管工作人员掌握全宗情况不可缺少的一种工具。因此，全宗卷应单独集中，按全宗顺序保管。当全宗移交另一个档案馆（室）保管时，其相应的全宗卷也必须随同全宗移交。

（7）温湿度调节和清洁卫生。

（8）保卫和保密。

（9）防火。

（10）档案在搬动中的保护。

（11）档案的安全检查。

第三节　文献分类与标引

一、文献分类与主题标引概念及其原则

（一）文献分类与主题标引概念

文献分类与主题标引是根据文献主题的学科、专业属性以及其他有检索意义的特征，赋予文献分类检索标志一分类号的过程。文献分类就是以分类法为

工具，根据文献资料所反映的内容知识属性和其他显著特征，将馆藏文献资料分门别类地、系统地加以组织与揭示的一种方法。文献主题是概括文献中关于某一研究对象情报内容的概念。文献分析分类是当一种文献可以拆分成更小的内容完整的单元时，对各个单元进行文献分类标引。主题标引是依据一定的主题词表或主题标引规则，赋予信息资源词语标志的过程。

（二）文献分类标引原则

1. 学科属性原则

学科属性原则要求文献分类标引必须以其内容的学科或专业属性为主要标准。

2. 专指性原则

专指性原则是指要将文献分入恰如其分的类，而不能分入范围大于或小于文献实际内容的类目。

3. 实用性原则

实用性原则的要求是文献分类标引必须使文献尽其用，即要根据文献的实际用途、写作目的、读者对象，及收藏文献机构的专业属性等，将文献分入最大用途的类。

4. 系统性原则

文献分类标引必须体现分类法的系统性、等级性和次第性。凡能归入某一类的文献，必带有其上位类的属性。也就是说，凡能归入某一类的文献，一定也能归入其上位类。

5. 逻辑性原则

文献分类标引必须遵循逻辑划分的原则，而不能违背概念逻辑。

6. 一致性原则

一致性原则是将内容相同的文献集中归入同一个类目，可以通过讨论，建立分类规范文档，人为地将其集中到某类。

7. **“其他”类原则**

“其他”类原则是指当一个文献的主题在分类法中找不到为它专列的相应类号，入“其他”类优先于入上位类。

8. **入上位类或依论述重点归类原则**

当一个文献的主题涉及两个及两个以上类目的文献，能入上位类的入上位类，否则可依其重点归类。

9. **新学科、新主题文献分类原则**

新学科、新主题文献在分类表中没有明确列类时，可先靠入其母学科或归入其相关的上位类。

文献的分类原则按照主题数量的多少又可以分为单主题文献分类标引和多主题文献分类标引。两种不同类型的分类原则各有不同的内容：

(1) 单主题文献分类标引原则

一是简单地只讨论一件事物或一个问题的文献，一般依其内容的学科属性归类；二是分别从不同的学科来研究同一主题的文献，依研究它的学科归类。

三是同时从几门学科综合论述一个主题的文献，依论述该主题的主要学科归类。

(2) 多主题文献分类标引原则。

多主题文献分类标引原则是对各主题进行分析，依其最能体现该文献内容实质的或在内容中起主导作用的主题归类，必要时对另外的主题做附加分类；如果不分主次，可选择篇幅较多者或篇幅居前者的类号作为主要分类号。

二、文献分类的工作程序

文献分类的工作程序主要包括查重、主题分析、判断类别、标引类号和校验审核这五个方面。

（一）查重

所谓的查重也称查复本，是文献分类的首要工作。就是查明将要分类的文献在本馆以前是否已有收藏并且分编过。查重的目的是杜绝复本书重复分类，给号前后不一致的情况出现。查重主要依据公务书名目录。

（二）主题分析

主题分析是对文献资料的内容、组成部分浏览后，对其主题性质进行判断的过程。

（三）判断类别

这里的判断类别指的是根据文献资料的学科本质属性，在本馆的使用本上找到其所属的相应具体类目的过程。

（四）标引类号

标引类号指的是当一书被归入某一类目后，可将该类的类号用铅笔写在书名页的角上。给号时，一定要以本馆的使用本和分类表的具体规定为准。

（五）校验审核

校验审核是对前面一系列工作进行严格的检验，必须符合相关标准才可以确定为文献分类工作的完成。

文献分类的作用有：

1. 有利于组织分类排架。最直接、最理想的就是分类排架法。

2. 有利于编制分类目录。分类目录是按分类体系组织的一种目录，是目前我国图书情报部门的目录体系中使用频率较高的一种目录。

三、主题标引概述

主题标引指的是依据一定的主题词表或主题标引规则，赋予信息资源词语标志的过程。要对主题标引有个充分的了解，我们首先要对主题标引和分类标引有个清晰的认识。要知道其存在的异同。主题标引与分类标引的对比：

（一）主题标引与分类标引的相同之处

1. 它们揭示和检索的对象是一致的，即都是各种类型的图书资料，它们都是依据这一对象的客观存在而产生和发展的。

2. 它们都是从图书资料的内容途径进行揭示和检索的一种方法。

3. 它们的目的和作用是一致的，即都是文献信息单位用来组织和编排图书资料检索工具，向读者揭示、宣传和流通图书资料的一种手段。

（二）主题标引与分类标引的不同之处

1. 体系结构不同

字顺系统是主题法体系结构的主体。这种字顺系统指主题词表的全部主题词和主题目录、主题索引的全部标题，它们都是依据字顺排列先后的。此外，有的主题词表还根据需要编制了用于组配使用的各种类型的辅助表和附表。例如，地域表、形式表、国家表、人物表、组织机构表等。另外，还编制了一些用于提高标引和检索效能的分类索引、词族索引、文种对照索引、轮排索引等辅助性的结构措施。

分类法体系结构的主体是按学科性质划分的等级层累结构的逻辑分类系统。这种逻辑分类系统，是指各门学科知识类目的划分，遵守从总到分，从一般到特殊，从低级到高级，从简单到复杂，从上位到下位，层层展开，上下隶属的逻辑序列。此外，分类法在体系结构上，还编制了一定数量的辅助分类表、专类复分表、类目索引或相关主题。

2. 揭示事物的角度不同

主题法主要是从图书资料内容的主题字顺角度进行揭示，它所揭示的是某个具体的事物、对象和问题。主题法不问学科分类，也不管学科之间的逻辑关系，而只是对事物的特定对象及其各个方面的问题进行研究和探索。

分类法则主要是从图书资料内容的学科性质出发对事物进行分类揭示的。它所揭示的是事物属于什么学科门类，便于读者把这个事物置于一定学科体系之中进行研究和探索。

3. 对图书资料的集中与分散不同

主题法是把同一主题的图书资料集中，却把同一学科性质的图书资料分散。相反，分类法是把同一学科性质的图书资料集中，却把同一主题的图书资料分散。

4. 标志符号系统不同

主题法主要采用直接的语词标志系统，以规范化的或不规范化的自然语言作为图书资料内容主题的标识符号，这种标志符号比较直观，给人以一目了然的效果。但是，其不足之处是采用这种标志编排图书资料检索工具时，词与词之间是机械地排列，在编排上不能揭示和反映学科体系的内在联系。

分类法采用的则是一种间接的号码标志系统。即以字母、数字或二者混合的号码，作为大小类目的标志符号。分类法所组织和编排的检索工具，主要依据类号进行序列。

图书资料的学科体系，也主要是靠这种类号去揭示和反映。类号与类目名称紧密结合，一旦类号完全脱离类目名称，则难以知道类号的含义。

5. 语义关系的显示方法不同

主题法的主题词之间的语义关系，主要是通过它的参照系统，即“用（Y）”“代（D）”“属（S）”“分（F）”“族（Z）”“参（C）”等显示同义、属分和相关语义关系。另外，叙词法还编制了范畴分类索引、词族索引（词族图）等辅助性措施来显示词的隶属或等级性质的语义关系。

分类法类目之间的语义关系，主要依靠类号、类目的等级层次，直接显示上下位类目概念之间的隶属关系、平行并列关系，其次还靠参见法、指入法、交替法以及类目注释说明等方法，显示类目概念之间的同义、相关等语义关系。

6. 组配方法不同

主题法的组配，由于直接采用自然语言的名词术语作为组配标志，它的组配是词与词的结合，所以使用起来一般比较直观、灵活。

分类法的单线性逻辑序列，一般很难反映学科之间的多种交叉现象。譬如，边缘学科、交叉学科和综合学科的图书资料，在类表中往往难以安排位置，适应性较差。

为了满足这一需求，现代许多分类法，则采用许多通用复合组配、专用复分组配和主类号组配等有力措施来补救这一缺点。

7. 组织藏书的功能不同

主题法不可能具有组织藏书排架的功能。分类法在功能上则具有独到的优点，它既能用于组织编排目录索引检索工具，又能用于组织藏书排架，是管理图书的一种科学方法。

8. 适应自动化的程度不同

从总的使用情况来看，主题法由于直接使用自然语言作为检索标志和采取语词概念的组配方法，以及反记著录的方法，因而它更适应于各种机械设备，便于实现图书资料检索工作的自动化、网络化。当然，主题法也可用于编制手工检索工具，而分类法虽然可以用于计算机检索，但主要是用于编制手工检索工具。

（三）主题标引的方式

主题标引主要包含以下五种方式：

一是整体标引。整体标引是一种概括揭示信息资源基本主题内容的标引，亦称浅标引。

二是全面标引。全面标引是一种充分揭示信息资源论的索引，符合检索系统要求的主题概念的标引，亦称深标引。

三是对口标引。对口标引是一种只揭示资源中适合本专业需要的主题内容的标引，亦称重点标引。

四是综合标引。综合标引是一种以集合型信息资源的整体为单位进行的概括性标引。

五是分析标引。分析标引是一种根据资源中部分片段或集合型资源的构成单元进行的标引。

四、主题标引的方法

主题标引主要有三种方法，分别是主题分析、主题概念的转换和标志的确定。

（一）主题分析

所谓的主题分析，是指根据主题标引和检索的需要，对文献内容特征进行分析，提取主题概念的过程。具体而言，就是在分析文献主题类型、主题结构的基础上，对具有检索意义的主题概念进行提炼和取舍的过程。

主题分析的类型主要有：

1. 单主题和多主题（根据文献中论述主题的数量来分）

单主题是指一篇文献中只研究一个中心对象或问题，即论述某一特定事物的对象，或论述一事物的几个方面，以及与其他事物对象的联系；多主题是指一篇文献同时研究两个或多个独立的事物对象或问题。

2. 单元主题、复合主题和联结主题（依据一主题中主题概念的数量和关系来分）

单元主题是指只需要一个基本概念就可以概括的主题；复合主题是指由两个或两个以上基本主题概念结合构成的主题；联结主题，亦即相关关系主题，是一种涉及两个主题对象之间联系的一种主题类型。

3. 主要主题和次要主题（按文献论述的重要程度来分）

主要主题是文献论述的主题内容中，作者重点论述的主题或称中心主题；次要主题是文献论及多个主题时不属于重点论述的主题。

4. 专业主题和相关主题（按照文献主题与检索系统专业的相关程度来分）专业主题是指与检索系统专业性质一致的主题，一般应予充分揭示；相关主题则是指与检索系统专业性质不一致的主题。

5. 显性主题和隐性主题（按照文献论述的直接程度来分）

显性主题是指文献明确阐述、表达的主题；隐性主题则是指文献没有用直接语词加以描述，而是隐含在不同字面形式中的主题。

分析主题结构有：

主题结构是指构成主题的各个基本主题因素以及它们之间的相互关系。所谓分析主题结构，就是在分析主题类型的基础上，对文献中的复合主题进行分析，弄清其构成成分以及相互的联系，以便在明确主题构成的基础上，对主题概念进行提炼。

对主题结构因素的分析，一般采用刘湘生的主题分面公式，其基本特点是把所有文献主题因素归纳为五个基本方面：主体面、通用面、位置面、时间面、文献类型面。

1. 主体面（主体面中的主体因素称为主体因素）

主体面是文献主题中的主体部分，即文献所研究和论述的主题中的关键性主题概念。

2. 通用面（通用面中的主题因素称为通用因素）

通用面是指文献主题中的次要部分，即构成主题的一些通用概念主题词表中凡是没有独立检索意义的一些主题词，如研究、方法、设备、设计、演变、工作总结等，均为通用因素。

3. 位置面（位置面中的主题因素称为位置因素，也叫空间因素）

位置面是指文献研究和论述的对象、问题所处的空间，一般是地理位置属性的概念，即主题中的位置因素。它包括国家、地区、地名以及机构方面的主题词。

4. 时间面（时间面中的主题因素称为时间因素）

时间面是指事物、对象、问题所处的时间范围的属性概念，即主题所包含的时间属性。它包括年代、时间、朝代等方面的主题词。

5. 文献类型面（文献类型面中的主题因素称为文献类型因素）

文献类型面是指表现主题的文献类型形式方面的各种概念属性。例如，词典、手册、丛书、百科全书、会议录、论文集等主题词。

（二）主题概念的转换

主题概念的转换通常是以一定的词表为工具，将分析出的主题概念转化为规范化的主题词，即叙词，并根据检索系统的要求，对标志做出处理。转换的方式主要有两种，即直接转换和分解转换。

（三）标识的确定

标志的确定是指依据检索系统的使用需要，在完成标志转换的同时，对标引词进行必要的处理。

1. 机检词的处理

对机检词的处理主要有加联号、加职号、根据输出需要确定标题等几种方法。

2. 确定标题

确定标题的结构形式主要有两种：

一是单一标题，亦称单级标题，即由一个叙词构成的主题标志。

二是复合标题，亦称多级标题，即将两个或多个主题词按一定的次序加以组合，并使用相应组配符号连接的标题形式。

确定标题的方式有：

做好主标题的选择。选为主标题的词一般应为具有独立检索意义的词，通常为表示主题因素的叙词。

对叙词的引用次序做出规定。引用次序的确定，可以参考一定的通用引用次序进行。

规定轮排模式。轮排，是指一次将标题中每个有检索意义的叙词作为检索点，轮流排列在主标题的位置上，同时对标题中的其他叙词做相应变动。

五、主题标引规则

主题标引的基本规则如下：

（一）主题标引的查词规则

1. 主题标引必须是词表中的正式主题词，非正式主题词不得作为标引词用。书写形式必须与词表、词形一致。

2. 要选用词表中与文献主题概念相对应的最专指的叙词进行标引。

3. 一书如涉及两个方面的内容，应标两个并列的主题词。

4. 在词表中没有相对应的专指叙词时，可选用词表中含义最近、关系最密切的两个或两个以上的叙词进行组配标引。

5. 在词表中没有相应的专指叙词，也无法以词表中含义最接近、关联最直接的叙词进行组配标引时，可选用最接近的上位词进行标引，即上位词标引。

6. 在词表没有相应的专指叙词，也无法用合适的叙词组配标引或上位词标引时，可选用含义相近的叙词进行标引，即靠词标引。

7. 如待标主题概念为未收入词表的新概念或本身具有较大标引和检索价值，不适宜采用除标引相应的专指叙词以外的任何一种标引方法时，则可考虑直接采用自由词标引，亦即增词标引。增词标引一般包括下述情况：

一是词表中明显漏收的重要主题概念；

二是具有重大标引价值的表达新学科、新理论、新技术、新材料、新方法的概念；

三是虽然可以采用组配标引、上位标引、靠词标引等方式，但如该主题概念标引频率较高，具有较大检索价值时，也可改用增词标引；

四是组配标引可能出现二义性结果时，也可以根据需要直接采用复合词形式进行自由词标引。

8. 边缘学科、交叉学科，其内容彼此相关，可作主题参照款目。

9. 丛书、多卷书等连续性出版物，可采用“集中”或“分散”的办法进行标引。

10. 对多主题的书，除标引几个具有代表性的主题词外，必要时可作主题分析款目。

（二）主题标引的组配规则

主题标引的组配规则是指在主题标引过程中，将两个或两个以上的主题词按照一定的逻辑关系结合在一起表达文献主题，称为组配标引。

1. 组配原理

主题词组配通常分为概念组配和字面组配。概念组配是叙词法的基本原理，它是指参加组配的叙词之间必须符合一定的逻辑关系，而不是简单的字面分拆或随意的语词组合，其实质是概念的分拆和综合（拆义）；字面组配是从词形上着眼，而不考虑概念之间的关系，其实质是词的分拆和组合（拆词）。

2. 组配形式

主题标引的组配形式，按所依据的概念间的逻辑关系，可分为：

（1）交叉组配：指用具有交叉关系的若干个主题词的组合表示一复合概念词的组配，亦称并列组配。

（2）限定组配：它是以概念的限定方式为基础，由泛指的属概念过渡到专指种概念的一种组配。

（3）组配规则：

主题标引必须遵循以下的组配规则：

一是叙词的组配应当是概念组配，而不是单纯的字面组配；

二是叙词的组配应优先采用交叉组配，在不能使用相应叙词交叉组配时，才采用限定组配；

三是叙词的组配不得采用越级组配，即在可以使用相应专指叙词组配标引时，不得使用该词的上位词或下位词进行组配；

四是叙词的组配，必须选用与文献主题关系最密切、最确切的词进行组配；

五是叙词组配结果必须明确，具有单义性；

六是对并列多主题文献，可采用分组组配方式，并以相应符号揭示主题词之间的联系，以避免出现虚假组配；

七是当某一主题概念在词表中已明确规定相应组代词时，应采用规定组代的相应叙词进行组配标引，不得另选其他叙词；

八是在能选用专指的单个叙词标引时，不得采用组配形式进行标引；

九是具有矛盾关系的概念词，相互之间不得用于组配；

十是叙词的组配词序，一般可依据国家标准中采用的分面公式，按主体因素、通用因素、位置因素、时间因素、文献类型因素的次序确定，如标题中出现多个属于主体因素的叙词时，可按照它们之间的依存关系，依次按对象、部件、材料、过程、操作、工具的次序加以序列。

现代化图书馆的快速发展，必然带动着相关文献资料的巨大发展。改革开放 30 多年来，我国图书馆在文献资源建设方面已取得较大的进展。图书馆积极参与科学建设，并为其提供充足的文献信息，是促进其自身发展的需要，更是体现办馆特色，优化馆藏结构的需要。图书馆的文献资源丰富，就可以为了现代图书馆的建设提供更有效服务。而对图书馆进行科学的文献分类和主题标引，对读者的阅读服务有了很大的提升，而且是很有必要的。

六、文献中的自引

引用是学术交流中的重要组成部分按照其基本功能，所有的引用可以分成三大类：①把当前的工作和过去的工作联系起来；②给予荣誉和表示敬意；③提供支持的依据和诠释。

自引是引文中要辨别的一个组成部分，但很少有文章提到它，尤其是与图书馆学和情报学（LIS）文献相关的自引。因此，也很少有可用的统计数字考虑到自引实践在图书馆学和情报学文献中的使用程度。

自引有几种定义，在本书中，“自引”一词是指：论文的引文是由进行引用的论文作者中的一名作者所写或与人合写而成的。虽然，关于“对自引做法的普遍的责难情绪”已经有人报道过了，但自引是学术性专著的惯常做法，并且“与其他形式的引用一样具有重要的功能”。

在一篇探讨引文分析问题的文章里，M.H. 麦克罗伯特和 B.R. 麦克罗伯特引用了一个介于 10% 和 30% 之间的自引数，但说明“除了一些基本的表面特征之外，自引尚未被研究到”。他们提出：自引是一个“问题”，但表明自引“过多”这个观点的数据还没有人搜集。

研究的目的是考察图书馆学和情报学文献作者自引的特征。之所以选择图书馆学和情报学文献是因为对该学科的自引模式还没有人进行深入的研究。研究具体考察的因素有自引率、自引与总引用之比。

（一）相关文献

有科学家指出：研究者倾向于“依靠他们自己的著作，而一个较高的自引数并非常常表现得与一个狭窄的专业一样的不利”。加菲尔德自己的自引做法被巴德和奥奉海姆举作一个有趣的例子，他们对当前的引文问题提出了总的看法。加菲尔德也指出，不恰当的自引在读者看来是十分明显的，应当在编辑的或同行的述评加工中进行更正。

在探讨作者自引的文献中，通常有两种评估自引的方法。①统计总引用及自引数，算出自引占总引用的比例；②分析论文，计算有一条或一条以上自引的论文数，再把所得的数字与样本论文总数相比（自引率）。在审核下面部分的时候，应注意这个区别。

在塔利亚科佐一项早期关于植物生理学和神经学论文的自引研究中，他发现“在两个领域里，完全不含自引的论文不到总数的8%”。这项研究考察了一组相关的论文（植物生理学93篇，神经学90篇）。在检盘引用总数的时候，塔利亚科佐发现16.6%的植物生理学文献引用和17.5%的神经学文献引用是自引。塔利亚科佐还发现：在进行引用的论文里，自引比引用其他引用更新、更为频繁；自引与作者的数目、进行引用的论文的参考文献数或作者的生产能力无关。

在一份印度航空工程师研究里，斯莱德赫发现了一个包含一切的自引率为35%，平均每篇论文的自引数是3.44，15%的论文只有一条自引。

斯奈德和邦兹在一篇关于作者自引动机的论文里声称：44.2%的环境科学领域的作者引用他们自己的著作。他们发现，作者引用自己著作或引用他人著作的原因几乎不存在差别。他们得出结论：自引的决定以符合逻辑的智力理由为基础，而非出于自夸的需要。然而，他们的取样很少，只有13名作者和52条引文。

邦兹和斯奈德比较了自然科学（化学和地质学）与行为科学（经济学和社会学）的自引模式。他们发现：自然科学文献中15.5%的引用是自引，这证实了塔利亚科佐的发现，但是他们没有给出每篇论文占有自引的百分比；而社会科学文献中的数据表现出了较低的自引率仅3.4%。显然，化学和地质学的样本比另外两个学科的样本更倾向于自引。他们所取样本比较少，总共才有120篇论文，并且是在10年的时间段里任意选取的。

啥米尔顿举科学情报研究所的戴维·彭德伯里为例。说明在科学论文里自引数占总引用5%～20%，但是并没有给出每一篇论文占有自引的百分比。

约翰·巴德研究了3种高等教育核心期刊的引用模式。尽管他没有给出精确的数字进行考察自引，但是他确实发现被引者频率与排除自引的被引者频率之间有重大的差别。他说他的发现表明“在考察个体对一个学科文献的影响上，自引是一个重要的因素”。在一项关于5种国际图书馆学期刊作者特征的研究里，拉普提斯发现了27.6%的自引率。除了一名作者自引29次之外，大多数作者自引 1 ～ 3 次。该研究考察了 192 篇论文里的 3273 条自引。

所有这些以前的研究得出了变化很大的自引率。其原因是采用了几种不同的测度方法，并且抽取的样本很少。另外，只有一名作者（拉普提斯）从事图书馆学和情报学文献自引模式的研究。

（二）方法

从 1992 年和 1993 年前 6 个月中找出了所有有引文的论文。全文的报道、讨论、信息简要和文献评述都包括在“论文”里。论文的各方面情况几乎都考虑到了。

其中有的论文不适于进行考察，在这种情况下我们做了社会科学引文索引查找，并采用了其中的记录。这些论文只有 39 篇，而且都来源于同一种期刊。总计起来，数据是从 1058 篇源论文中搜集起来的。这组图书馆学和情报学期刊论文体现了这一时期自引模式值得注意的范本概览。

在搜集数据的时候，考虑到每一篇论文的发表年份、作者分布、引文、论文体裁和一般主题类型。所有的数据都以代码形式输入一个机读文件里，数据分析用的是 Minitab 统计软件。

第四章 图书馆信息的查询与获取

第一节 图书馆保障信息查询与获取的历史

图书馆是人类创建的历史最悠久的信息查询与获取平台，已有几千年历史。最早的图书馆主要收集国家重大活动中产生的文献，发挥图书馆与档案馆的双重功能。至公元前数百年，图书馆已经演化为学术研究中心，以保障学术文献的获取为主。文艺复兴之后，西方陆续出现了当代信息用户所熟悉的国家图书馆、大学图书馆。至19世纪末，当代信息用户所熟悉的几乎所有图书馆类型都已出现，除了国家图书馆、大学图书馆，还出现了公共图书馆、专业图书馆、中小学图书馆等类型。至此，各类图书馆共同提供的信息查询与获取保障，至少从理论上说已经涵盖所有人群。20世纪后半叶，随着计算机技术和网络技术的发展，这些类型的图书馆也开始将数字化文献的查询与获取纳入保障范围，形成了被称为复合图书馆的新形态。与此同时，数字化文献的增长和网络基础设施的普及，也使非实体形态的信息查询与获取平台成为可能，纯粹的数字化平台（即数字图书馆）开始出现。本节的目的就是回顾历史上不同图书馆形态如何保障信息查询与获取，显示他们一脉相承的共同本质。

一、古代图书馆

（一）与档案馆一体化的古代图书馆

很难确切断定图书馆具体始于何时，但可以肯定的是，它是随着文字的产生而产生的用文字在天然实物（如甲骨、纸莎草、泥板等）上记事，就产生了文献。最初的文献主要用来记录政令、法令、外交文书、征供纳税、宗教仪式等，因而主要集中于王宫（或政教合一的寺庙）。文献一经积累就需要专门的收藏处所和专门的管理人员，这就产生了最早的图书馆和图书馆员。

根据文献记载，公元前 3800 年至前 3500 年时的古埃及，以及公元前 3000 年左右的苏美尔都设有书库文牍、文献管理员一类的职务，说明那时已有专事文献管理的机构和人员。在美索不达米亚附近发现的公元前 30 世纪苏美尔寺院图书馆是考古发现的最早的图书馆。根据其文献推测，该馆可能是一个收藏商业记录、宗教文献和部分医药、数学书籍的档案馆。在开罗附近的阿马拉（也译作阿玛尔那）出土的埃及 18 王朝（公元前 1567—前 1320）的王宫图书馆也是人类历史上较早的图书馆。该馆收藏着用楔形文字记录的埃及与古巴比伦、亚述等国交往的外交文件。1889 年，在我国河南安阳发现的殷商时期的甲骨文书机构，也是世界上较早的图书馆。除此之外，在小亚细亚一带，还发现了古赫梯（Hittie）王国的国家图书馆，里面藏有年表、法典、与其他国家签订的条约、外交文书等。在巴格达附近还发现了公元前 10 世纪时的泥版文书收藏机构的遗址。

这些历史遗迹表明，图书馆作为信息保管和获取的平台最早可以追溯至公元前 3500 年左右。这些早期图书馆主要收藏以天然物质（如纸莎草、泥板、甲骨）为载体，以政令、法令、征供纳税、宗教仪式等为内容的文献资料，这些资料实际上就是当时社会生活各方面的档案资料，所以，人类历史上最早的图书馆也是最早的档案馆；图书馆和档案馆一体，依附于王宫或寺庙，文献的利用范围极其狭小，仅满足极少数特权阶层人士的信息查询与获取需要。

（二）独立意义的古代图书馆

1. 独立意义的古代图书馆的形成

独立意义的古代图书馆是指基本上摆脱了档案馆含义的图书馆；它们以收藏学术文献为主、充当学术研究中心、向一般社会成员开放、可以为私人所拥有，显然，这些特征已与档案馆的特征相去甚远。没有人能确切断定古代图书馆在什么时候脱去了档案馆的色彩而成为独立意义上的图书馆，但根据图书馆史研究似乎可以断定，公元前最后几百年，在人类文明的发源地（两河流域、古埃及和中国）出现的图书馆已经明显具备独立意义的图书馆的特征。

公元前7世纪，亚述国王阿舒尔巴尼拔在首都尼尼微建立了一座皇宫图书馆——史称尼尼微图书馆。尼尼微图书馆建立之时，阿舒尔巴尼拔下令广搜文献，供奴隶主、官吏、学者使用。相传其馆藏最多时曾达到3万多块泥板图书，是当时收藏泥板藏书最多的图书馆。为了便于人们查询，该图书馆已开始按照粗略的主题分门别类安排图书，把不同主题的图书放在不同的房间里，房间的墙壁上刻有粗略的排架目录，以供查检，我国学者杨威理把它称作第一所“真正的古代图书馆”“一所像样的图书馆”。

古埃及的亚历山大图书馆也是当时的世界学术中心。它始建于公元前308年，至托勒密二世时建成。托勒密历届王朝都十分重视收集图书。传说托勒密二世曾向四方收集手稿，一旦获得手稿，就责人抄写，然后把复本还给原主。这样，至鼎盛时期，该馆收藏着70多万卷纸莎草图书，几乎包括所有古希腊的著作和一部分东方典籍。为了辅助查询，亚历山大图书馆不仅将图书按主题类别分别放置，而且还编有简单的图书目录。所以当时的人很自豪地说，这里可以让任何知识寻求者找到他们的航程。该图书馆已经面向学者广泛开放，据说曾吸引了世界各地的学者来此研究和学习。

根据史书记载，中国周朝设有守藏室。守藏室收藏的主要是各国的史书，其图书资料已对外提供参考。相传孔子撰写《春秋》时就到此查询过资料。到了秦代，藏书机构更加完整，藏书也更加丰富，在秦始皇下令焚毁的书籍中，就包括非秦国的史书、诗歌、文学书籍及诸子百家的书籍。从这些记载来看，我国周、秦时代的藏书机构虽然还保存着大量的档案，但是，它们的主要功能也已经演变为收藏各类学术书籍并在一定范围内提供给人利用。

随着学术研究和教育的发展，社会上受教育的特权阶层也开始建立私人图书馆。据考古发现，古罗马一个私人图书馆拥有纸莎草藏书1700多卷。亚里士多德也是著名的私人藏书家。我国春秋战国时的很多学者也有丰富的藏书，相传墨子每次游学，都需以车拉书，这些私人藏书构成了独立意义的古代图书馆的重要组成部分。

2.独立意义的古代图书馆的发展

从公元前1世纪前后至公元5世纪，独立意义的古代图书馆在西方得到了较大发展，出现了很多私人图书馆及向普通学者开放的“公共图书馆”。然而，随着罗马帝国的灭亡，思想的专制和政治的动荡摧毁了古罗马遗留的图书馆。直到13世纪，寺院图书馆几乎成为西方唯一的图书馆形式。这些寺院图书馆是僧侣们保存宗教典籍、誊写书稿和灵修的地方。正是凭借着这些寺院图书馆，一些古代文化典籍才得以在西方保存流传。

就在西罗马帝国走向衰落之时，位于中东的东罗马帝国和阿拉伯国家，却日益强大。东罗马帝国比较注重教育和文化，因而图书馆事业也比较发达。公元4世纪中叶，君士坦丁大帝的儿子在君士坦丁堡建立了一座著名的皇家图书馆，至5世纪中叶，藏书已经发展到10万多件，内容包括基督教书籍、拉丁文学及古希腊典籍。除了皇家图书馆，在君士坦丁堡还有著名的寺院图书馆和大学图书馆，建于9世纪的君士坦丁堡大学图书馆尤为著名。在同期的阿拉伯国家，皇家图书馆、面向学者的公共图书馆、大学图书馆、私人图书馆都很发达。

例如，7世纪时的大马士革皇家图书馆及后来的巴格达大学图书馆都是当时非常著名的图书馆。正是这些中东图书馆保存了大量的古希腊罗马的文化。很多学者都认为，如果没有这些图书馆的杰出贡献，就不会有后来的文艺复兴。

中世纪末期（12世纪至13世纪），大学在西方兴起。大学的兴起引起了对教学用书的需求。最初，学生都是自己向书商购买图书或向他人借用图书。后来，随着大学的发展，不少私人藏书家和毕业生把自己的图书捐赠给大学，在这些藏书的基础上，形成了最早的大学图书馆。例如，巴黎大学图书馆就是在教父德·索帮赠书的基础上形成的。牛津大学总馆和不少学院图书馆也是在赠书的基础上发展起来的。这些图书馆大都按学科划分藏书，将图书放置在书架上，对学生和老师开放，允许阅览和外借。但是，早期的大学图书馆没有专职馆员，工作人员一般由教师和学生兼任，开放时间很短，借阅限制也很多，有些图书馆为了防止图书遗失，甚至将图书锁在书架上。因而，与现代意义的大学图书馆相距甚远。

文艺复兴运动（14世纪至16世纪）带来了西方思想与文化的空前活跃，

激励了私人藏书的热情。例如，14 世纪、15 世纪统治佛罗伦萨的美迪奇家族，连续数代热衷于收藏图书，建有扬名欧洲的大图书馆。在美迪奇家族的影响下，很多意大利贵族、学者都成为热心的图书收藏家，诗人彼得拉克和小说家薄伽丘也在其列。

与西方曲折跌宕的图书馆发展过程不同，中国的图书馆事业自周、秦以来，虽历经战乱，但基本上呈持续稳定发展。汉代几朝皇帝都注意从民间广泛征集图书，使国家藏书的数量大增。西汉时国家藏书达 13 000 多篇卷，建成了麒麟、天禄等多处国家藏书，还开创了按分类整理图书的方法。汉代除国家藏书以外，还有发达的私人藏书，不少大臣和学者都拥有比较丰富的藏书。到了东汉（也有人认为是魏、晋），随着佛教寺院的兴建与译经活动的开展，寺院藏书也开始出现。魏、晋、南北朝时期，虽然朝代更替频繁，政治比较动荡，但几乎所有朝代在建国之后都比较注意收集图书，建设国家藏书。由于纸质图书开始逐渐取代简书、帛书，图书数量迅速增长，私人藏书也因此得到更大发展。到了唐代，除了国家藏书、寺院藏书和私人藏书继续发展外，还出现了书院藏书。书院是我国唐代以后出现的民办或官办讲学肄业之所，书院藏书是私办公助的藏书机构，这样就初步形成了官府藏书、寺院藏书、私人藏书和书院藏书四大古代藏书系统。宋代以后，由于印刷技术的发展，刻书机构日益增多，四大系统的藏书都得到迅速发展。明清两代，书院藏书略有减少，但官府藏书和私人藏书都达到鼎盛。例如，建于明代的宁波天一阁、常熟汲古阁，建于清代的山东聊城海源阁等，都是当时非常有名的私人藏书楼。

3. 独立意义的古代图书馆对信息查询与获取的保障

独立的古代图书馆以收藏学术文献为主，它们虽然依然重收藏轻利用，并依据收藏者将图书馆分为不同类型（如我国的官府藏书、寺院藏书、私人藏书和书院藏书），但至少有部分图书馆已经开始向普通学者开放。这意味着，在古代图书馆时期，除了君主及大臣有专门的皇家图书馆保障其信息查询与获取需要外，普通学者和读书人在研究、治学和学习情境下的信息查询与获取需要，也开始有了比较正规的保障。这时期的图书馆不仅通过藏书的分类排架辅助查询，还编有简单的藏书目录；不仅有了相对系统的收集藏书的方法或策略，还有了相对稳定的开放甚至借阅方法，这表明，各类型图书馆已开始主动探索改善信息查询甚至获取的技术。

二、现代图书馆

（一）现代图书馆的出现与发展

现代图书馆是20世纪的用户所熟悉的图书馆形态——国家总书库的国家图书馆、为教学科研服务的大学图书馆、为所有人服务的公共图书馆，以及为各类专门机构服务的专业图书馆等。

现代图书馆的形成也是一个循序渐进的过程，很难为它划出一个明确的时间断限，但是，考察图书馆的演化历史不难发现，文艺复兴以后的三个世纪（即17世纪至19世纪）是现代图书馆加速形成的时期。

首先，在这段时间，大学图书馆日益正规化、规范化，并开始占据“大学心脏”的位置。现代自然科学在17世纪-18世纪的飞速发展，对西方大学产生了深刻影响，促进了专业的细化和研究的活跃。大学的发展也带动了大学图书馆的发展。到18世纪时，在专业化和研究两方面均领先世界的德国，大学图书馆已非常接近今天大学图书馆的模式——管理规范、开放时间长、注重服务。当时最为著名的一所大学图书馆是建于1737年的格丁根大学图书馆。该馆馆藏丰富，有明确的采购方针，馆藏按分类排列，有较详细的编目。19世纪，很多欧洲和美国大学图书馆都效仿该馆实践。到19世纪中叶，图书馆在大学已经拥有核心地位。1873年，哈佛大学法学院院长在写给校长的信中说：任何其他事物都可以被替代，甚至或缺，但是没有图书馆，学校就会失去其最重要的特征，甚至失去其个性。

其次，这段时间，现代意义的国家图书馆也在各国陆续出现。1753年，英国国会率先通过了建立不列颠博物馆的法令，这个博物馆也是英国的国家图书馆，它的宗旨是成为国内外学者开展学术研究的中心。与英国不同，法、德等国的国家图书馆由原来的皇家图书馆发展而来。法国皇家图书馆可以追溯到13世纪。1537年，当时的国王弗朗斯瓦一世颁布了世界上最早的呈缴本法，即《蒙彼利埃法令》，要求法国的出版商必须向皇家图书馆呈缴所有出版物的样本。17世纪中叶，法国皇家图书馆采用当时在欧洲颇有影响的马扎林图书馆的管理方法，18 世纪中期又扩大了馆舍；1789 年，法国大革命后上台的资产阶级政府立即宣布把原来的皇家图书馆收归“国有”，然后一面把革命期间失散到各地的图书收集起来充实国家图书馆的藏书，一面制定和实施了便于普通公众使用的各项规则。德国国家图书馆的前身是建于 1661 年的普鲁士皇家图书馆。1871 年，在普鲁士统一德国后，该馆逐渐成为德国国家中心图书馆。

再次，19 世纪中叶，公共图书馆几乎同时在英国和美国出现，成为现代图书馆走向成熟的最重要标志。当时强大起来的英国正在进行各个方面的社会改革（如普及教育），希望通过这些改革在英国本土创建更良善的社会。尤沃特就是这样一个支持改革的政治家，他在公共图书馆的概念中看见了这个新事物对实现其政治抱负的作用。爱德华兹则是一个出身贫寒、自学成才的不列颠博物馆馆员。他从自己的成长过程中，建立了对图书馆价值的坚定信念。由于他们的积极游说，英国国会于 1850 年通过了《公共图书馆法》，建立图书馆，应免费为当地居民服务。1850 年以后，公共图书馆在各地陆续建立，至 I860 年，全国已有 28 所公共图书馆。从那时直到今天，英国公共图书馆的服务和功能虽然不断扩大，但其依赖公共经费和向辖区内所有成员免费开放的基本特征始终保持不变。美国的公共图书馆与英国的公共图书馆几乎同时出现，但是，与英国的公共图书馆不同，美国的公共图书馆不是按联邦政府的统一法令建立，而是由各州自行其是。美国最早的公共性质的图书馆是 1803 年在康涅狄格州的索尔兹伯里镇建立的儿童图书馆。随后，1827 年，马萨诸塞州的列克星敦镇也建立了一家儿童图书馆，由镇政府支付建馆费用。1833 年，新罕布什尔州的彼得博罗镇议会决定从州政府拨给的教育经费中抽出一定数额，建立一所向全镇居民免费开放的图书馆。这些早期公共图书馆的经费一般由市镇议会或全体居民临时投票表决，还没有形成稳定的制度。19 世纪中叶开始，美国各地逐步以法案的形式确立了“由公共经费（税收）支持，面向公众提供免费服务”的公共图书馆制度。

我国现代图书馆出现较晚。清朝末年，随着西方公共图书馆思想和实践的引介，一些知识分子和官宦士绅率先在全国不同地区建起了面向普通民众的民办图书馆。此后不久，我国就开始出现由公共经费支持、面向普通民众开放的公共图书馆。1912 年，中国国家图书馆的前身京师图书馆对外开放，成为我国现代意义上的国家图书馆。这些图书馆的开放标志着现代意义的图书馆在我国的出现。

（二）现代图书馆对信息查询与获取的保障

现代图书馆区别于古代图书馆的最显著特征就是它更加重视文献利用，并依据利用者划分为不同的类型，每个类型的图书馆满足一个特定人群或特定情境下的信息查询与获取需要。大学图书馆满足高等教育机构的师生在研究、教学和学习情境下的信息查询与获取需要；公共图书馆满足普通民众在日常生活和工作情境下的信息查询与获取需要；中小学图书馆满足教师和学生在教学和学习情境下的信息查询与获取需要；专业图书馆则满足特定学科的研究者或特定领域的从业人员对专业信息的查询与获取需要；国家图书馆主要保障一个国家文明传承情境下的代际信息查询与获取，但也同时满足当代人在某些情境下的信息查询与获取需要（多数国家图书馆都同时服务于当代人在科研活动中的信息查询与获取需要）。从理论上说，现代图书馆的功能相加，几乎可以保障任何人群在任何情境下产生的信息查询与获取。其中，公共图书馆的出现对保障信息查询与获取具有特别重大的意义：只有在公共图书馆出现之后，那些不属于任何大学、学校、专业团体的普通民众，才有了保障其信息查询与获取的平台，他们在日常生活、个人发展、民主参与、兴趣爱好等情境下的信息查询与获取需要才有了满足机制。

由于现代图书馆十分重视信息获取与利用，因此也更加注重通过技术革新、服务优化及馆际协作改善信息查询与获取效率。因此，其保障信息查询与获取的功能也日益强大。

三、数字图书馆及其对现代图书馆的增强和延续

（一）数字图书馆的出现

从图书馆信息职业的角度看，“数字图书馆”指根据一定的方针和标准收集电子格式的文献，在数字化和网络化环境下对这些文献进行加工、整理，并

提供给特定用户群体，支持其信息查询与获取的虚拟平台。

尽管“数字图书馆”一词直到20世纪90年代才出现，但数字化信息查询与获取平台的概念却经过了相当长时间的孕育和发展。

在这些学者为“数字图书馆”进行理论准备的同时，计算机技术和网络技术也在迅速发展，并很快被运用于“数字图书馆”的研发。较完整的数字图书馆模型（即通过网络向特定用户群体提供数字化全文文献的模型），出现于20世纪70年代末80年代初。当时由美国国家科学基金会资助的“电子信息交换系统项目”（和不列颠图书馆研究开发部资助的“伯明翰－拉夫堡电子网络发展项目”分别实验了通过网络向终端用户提供电子期刊论文的系统。简单地说，这是一次将数字图书馆嵌入科学交流过程的尝试。其基本构思是：论文作者以电子格式提交论文，评审专家通过网络评审论文，达到发表水平的论文被存入论文库，再通过网络向终端用户提供以便获取。这些早期尝试，由于计算机处理能力的限制和用户界面技术的落后，都未能取得预期效果。20世纪80年代末，计算机技术的进步使制约数字图书馆发展的技术因素迅速得到解决。首先是个人电脑的普及和用户友好界面技术的出现，这两项技术的结合使信息获取变得直观、容易，只要具备适当的网络设施，用户就可以在办公室或家里自行开展信息检索，不像早期的联机数据库那样需要馆员的帮助；其次是计算机处理能力的提高，使快捷的全文检索和多媒体全文文献的生产成为可能；再次是计算机之间的广泛互联，使数字化文献的传递传播日益普遍。所有这些都推动了数字图书馆技术的成熟。

20世纪80年代末90年代初期，由单个课题组分散开发的数字图书馆项目日益增多，构思也更加复杂。例如，美国卡内基梅林大学和英国德蒙福特大学先后研发了校园数字图书馆项目，前者旨在为卡内基梅林大学建立一个数字图书馆模型，用于传递传播数字化的教科书和学术期刊，后者旨在为该校的分布式校区建立共享的数字图书馆模型，支持跨校区的信息查询与获取。与此同时，美国国会图书馆和英国不列颠图书馆也开始为它们各自的重要馆藏（如美国国会图书馆收藏的历届总统文稿）建立数字图书馆。

我国的数字图书馆研究始于20世纪90年代中后期。1997年，当时的国家计委批准立项了由北京图书馆（今国家图书馆）和上海图书馆等多家公共图书馆联合承担的国家重点科技项目“中国试验型数字式图书馆项目”，目标是建立多馆协作、互为补充、联合一致的中国试验型数字图书馆，研制一套初步成形的数字图书馆实现技术，并建设一个规范化的分布式数字资源库。同年，国家 863 计划“智能计算机主题组”（即 863-306 组）开始跟踪国际数字图书馆研究动态。1999 年，863-306 组先后设立了中国数字图书馆发展战略研究组（专门对数字图书馆涉及的技术、管理、运营、法律等问题开展研究），支持了重大应用课题“中国数字图书馆示范系统”以及“知识网络——数字图书馆系统工程”项目的研究。

1998 年 11 月，国家计委批准立项了中国高等教育文献保障系统。这是一个依赖网络环境开展资源共享的组织，从一开始就致力于数字化资源的共建共享。在立项后短短几年里，中国高等教育文献保障系统就组织开发了成员馆之间的电子文献传输系统（即基于 1S010160/10161 协议的馆际互借系统），建成了一系列全文或二次文献数据库、特色库和网上文献导航库，用集团购买的方式引进了多种国外全文或二次文献数据库。

（二）数字图书馆对实体图书馆的增强

到 20 世纪 90 年代末，上述项目开发的数字图书馆应用，如电子期刊系统、电子教科书系统、电子试卷系统，开始大规模地融入已有图书馆服务，由此出现了所谓复合图书馆的概念。复合图书馆是实体图书馆将数字图书馆纳入其资源体系之后而形成的信息查询与获取平台，在这里，数字化资料与印刷式文献共存，可以支持用户对各种形式的文献、本馆与远程文献实行查询和获取。它是现代各类型图书馆应用数字化技术之后达到的新形态，代表了数字图书馆对实体图书馆的增强。目前，绝大多数国家图书馆、高等学校图书馆、公共图书馆、中小学图书馆、专业图书馆以及其他类型的图书馆都已经是复合图书馆的形态。

以高等学校图书馆为例，今天一所典型的高等学校图书馆极有可能是印刷式资源和数字化资源平分秋色（表现为图书馆用一半甚至更多的经费购置数字化资源，另一半购置印刷式资源）、各种物理空间（如信息共享空间、创客空间、私人学习空间、小组学习空间、休闲阅览空间）和各种信息获取终端（台式电脑、平板电脑、手机）并驾齐驱的图书馆关于各类型复合图书馆保障信息查询与获取的新机制，详见本章后续各节。

目前，对于多数情境下的信息查询与获取需要，复合图书馆（即被数字化资源和服务强化了的实体图书馆）依然是最佳保障。这是因为，在印刷式文献退出历史舞台之前（它们将来是否会退出历史舞台，也依然是充满争议的问题），单纯的数字图书馆还难以满足用户的全部信息需要；它们也无法替代专业化馆员提供的所有面对面服务。

（三）数字图书馆对实体图书馆的替代

数字图书馆是依托数字化技术和互联网技术、同时提供一次文献和信息查询工具、具有虚拟边界的信息查询与获取平台。20 世纪 90 年代以来，随着互联网技术的发展，由各种团体开发的具备数字图书馆基本要素、特征和功能的信息查询及获取平台，已难以计数。这不仅包括以“数字图书馆”命名的各类平台（最典型的如超星数字图书馆和谷歌数字图书馆），也包括其他命名方式的平台，如各类门户网站、各出版商为自己的电子出版物开发的专门平台等。

无论从理论还是技术上说，数字图书馆都并非必须依托实体图书馆才能发挥作用。从理论上说，数字图书馆是具有虚拟边界、既提供一次文献也提供查询工具的信息查询与获取平台，边界之内的信息经过了一定的组织整理，且具有保障其获取的基本服务，因而它具有独立发挥信息查询与获取功能的一切要素；从技术上说，支持数字化资源查询与获取的网络技术与终端技术都已很成熟，数字化资源的数量不断增长，一些数字图书馆完全有可能越过现有实体图书馆，独立提供服务。

（四）数字图书馆对信息查询与获取带来的变革

与依赖纸质文献和物理空间进行的信息查询与获取相比，通过数字化资源和网络环境而进行的信息查询与获取有很大不同。这些区别构成了数字图书馆对以往信息查询与获取保障方式的深刻变革。这包括以下几点：

（1）数字图书馆突破了时空对信息查询与获取的限制。实体图书馆由于受时间和空间的制约，对信息查询与获取行为有很多客观的或人为的（即政策性的）

限制。首先，在实体图书馆背景下，用户若要使用图书馆，就必须亲自到图书馆去，对很多用户来说（如公共图书馆的用户或大学图书馆的半工半读用户），这往往意味着几个小时的路程；其次，实体图书馆要求用户必须在指定的时间访问图书馆，很多用户会因为开馆时间与工作时间相冲突而无法利用图书馆；再次，用户向实体图书馆提出的借阅请求，只有当文献在架时（没有错架或被其他用户借走），才能得到满足，即使是服务质量很好的图书馆，也无法保证所有的用户需求都能得到即时满足；最后，为了兼顾所有用户的利益，大部分图书馆需要限制一次性借阅的文献数量及借阅时间，如果需求大于限额，用户通常只能割爱。在数字图书馆中，虽然信息获取还将受到其他因素，如版权协定、网络性能等的限制，但时空限制大大减弱，甚至消失。

（2）数字图书馆支持一体化的信息查询、获取和利用过程。在利用实体图书馆时，信息的查询、获取和利用通常表现为三个不同的过程。这些步骤不仅泾渭分明，而且经常发生在不同场合。例如，很多研究都发现，用户利用传统的期刊文献的过程可以分为查找、复印、阅读三部曲。查找的过程是根据二次文献数据库、引文或同事推荐，识别相关文献的过程；复印是从图书馆获得文献全文的过程；而阅读则是在家里、办公室等地点吸收文献内容的过程。在数字图书馆中，用户经常可以从检索结果直接浏览全文，对于相关文献，用户可以直接下载文献的书目数据或拷贝相关段落作为引文。所有这些都可以在同一地点、同一过程进行。数字图书馆通过支持这种一体化的信息查询、获取、利用过程，可以大大减少用户查询与获取信息的时间，提高信息查询与获取的效率。

（3）数字图书馆保障的信息获取是以远程获取而非拥有为基础的。如前所述，传统实体图书馆为了保障信息获取，必须购进并长期贮存文献。如此购进的文献一经进入图书馆，就成为该馆的财产，图书馆对这类文献拥有所有权，该馆用户对它们拥有无限使用权，因此，通过这些文献而进行的信息获取是以拥有为基础的获取。实体图书馆虽然也从事少量不依赖文献所有权的获取，如通过馆际互借进行的获取，但以这种方式保障的信息获取的规模十分有限。在数字图书馆中，大部分数字化文献并不贮存于图书馆，图书馆在“采购”过程中得到的只是对这些文献的远程获取权，而非永久拥有权。所以，数字图书馆所支持的获取是以远程接入为基础的获取。

（五）数字图书馆对现代各类型图书馆带来的问题与挑战

随着数字图书馆技术日益成熟，原有的现代实体图书馆都积极采纳数字化技术，将各类数字图书馆资源纳入自己的资源体系，接受数字图书馆对原有工作流程和内容的改造，从而将自己转型为“物理+数字”的复合图书馆。这种改造在深刻改变信息查询与获取方式的同时，也给他们带来了很多新问题。例如：

1. 双重馆藏问题。尽管不少人相信，数字图书馆比传统图书馆更代表图书馆的未来，但是没有人确知从传统图书馆向纯粹数字化图书馆的转变需要多长时间。过渡期的长度不仅取决于技术的进步，而且取决于人们文化观念的转变。英国电子书图书馆的几个课题都发现，对于纸质文献的喜爱和印刷文化的崇尚是一个根深蒂固的文化观念，这一观念会使很多用户在相当长的时间里要求图书馆收藏纸质文献。自 20 世纪 90 年代中期以来，越来越多的出版商开始同时出版图书及期刊的印刷版和电子版（双轨出版）。因此，在相当长时间里，图书馆都将不得不面对双重馆藏带来的各种问题，如资源配置问题、数字化文献与纸质文献的一体化组织整理问题、查询系统的设计问题等。

2. 作为空间的图书馆

的设计问题。由于数字图书馆的大部分文献是远程获取的分布式资源，资源本身不再需要很多贮存空间；同时由于文献的利用主要依赖于计算机和网络传输，很多用户会选择在家里或办公室使用图书馆资源。这样一来，信息查询与获取活动对图书馆空间的依赖大大降低。根据美国一些大学的观察，数字化资源的增长的确伴随着到馆访问人次的下降机制。在这样的背景下，一个地区的公共图书馆、一所大学的图书馆，甚至一个国家的国家图书馆究竟该如何规划和设计它的馆舍？虽然这样的问题早已引起数字图书馆研究者的关注，但目前尚不存在确切的答案。不管是对是错，是明智还是盲目，在很多地区，作为标志性建筑的大型图书馆依然在拔地而起，很多大学依然在更新甚至扩大它们的馆舍。

3. 文献资料的长期保存问题。传统图书馆的基本职能之一就是长期保存人类知识记录。在复合图书馆中，这一古老的图书馆职能却面临着最严峻的挑战。首先，大部分数字化文献是通过远程获取而被传递和利用的，图书馆并不收藏它们的物理实体，这就使保存知识记录的使命失去了物质基础。其次，在数字图书馆中，文献生产者可以对同一份文献的内容进行多次修改而不改变文献的实体特征，由于图书馆通常只具有远程使用权而非拥有权，他们无法对发生在出版商一方的行为（如数据的损失或更改）负责。再次，由于计算机技术更新速度快，今天的文献很快就会成为新一代技术的“盲文”，要保证每一时期的文献都能被阅读、利用，不仅需要保存文献本身，还需要保存阅读这些文献的硬件及软件设备，或者在新技术更新之时，对过去生产的所有文献进行升级，这意味着，数字化文献的保存需要巨大的技术投资，这种投资往往超出了图书馆的能力。

4. 信息的平等获取问题。数字化资源的利用依赖于对计算机和网络设施的拥有。事实上，只有当用户在办公室或家里拥有这些设备的时候，他们才能充分享受数字图书馆带来的便利。但是，截至目前，即使在最发达的国家，电脑和网络设施依然没有普及到所有人口，其接入人口的分布随收入、教育、性别、种族等因素而表现出巨大的差异。这意味着，数字图书馆将比传统图书馆在更大程度上引发信息平等获取关切。

5. 授权信息的持久获取问题。如前所述，从数字图书馆获取信息时，信息获取的合法性建立在文献使用授权而非所有权之上。一旦特定图书馆停止续订使用许可，那么，该图书馆将被终止对整个资源（如特定出版商的整个数据库）的远程接入权利，用户曾经可以获取的资源也将失去其可获得性。

6. 数字图书馆的版权问题。数字图书馆中的版权涉及很多人的利益，其中最主要的利益相关者有作者、出版商、图书馆员队伍和用户。由于数字化资源很容易被复制和传播，以出版商为代表的版权人从一开始就担心数字图书馆的发展会削弱他们对数字化资源的控制，损害他们的利益。20 世纪 90 年代以来，电子资源的出版商一直在争取最大限度的版权保护。在这种背景下出现的版权法已经给予了版权人更大程度的保护。这样一来，图书馆在利用数字化平台提供信息（如将纸质图书数字化）以及用户利用数字图书馆获取信息（如下载、打印）时，都经常面临新的限制和侵权风险。

7. 随着基于授权的远程获取取代基于拥有的获取，图书馆的工作内容与方法也在经历深刻变化。一些传统的工作内容，如图书修缮、期刊装订等可能消失。新的工作内容，如网络导航（即对网上资源进行评价、筛选、分类、描述，形成便于本馆用户利用的导航库）、用户支持（即解决用户使用数字图书馆时遇到的硬件、软件和网络问题），将日益重要。更多的工作内容将启用新的技术或方法，例如，在信息组织整理方面，用关联数据等技术补充原有的信息组织整理技术；在用户服务方面，用即时文献传递服务、虚拟参考咨询等补充传统用户服务；在图书馆绩效评估方面，用反映数字图书馆特点的绩效指标补充传统指标（如文献流通率指标、用户访问次数指标等）。

第二节 国家图书馆

一、国家图书馆的概念

国家图书馆定义为按照法律或其他安排，负责收集和保管国内出版的所有的重要出版物的副本，并起贮藏图书馆的作用，不管其名称如何，都是国家图书馆。这就是说，国家总书库的角色是国家图书馆区别于其他图书馆的最根本特征。之所以强调“不管名称如何”，是因为不同国家的国家图书馆常因起源不同而冠名不同。有些国家图书馆由过去的皇家图书馆发展而来，有些由政府投资专门建立，有些则由政府指定某个现存馆来承担，但只要按法律或其他安排，充当国家总书库，即使不以“国家图书馆”命名，也是国家图书馆。

二、国家图书馆的使命

正如国家图书馆的定义所隐含的，国家图书馆的基本使命就是全面系统地收集本国出版的所有出版物的副本，充当国家总书库。这意味着，国家图书馆首先要满足的就是文明传承情境下，代与代之间的信息查询与获取。由于最完整地收藏着本国出版的所有出版物，国家图书馆通常还负责编制和维护国家书目，即全面反映本国出版物的目录。

除了保障文明传承情境下的代际信息查询与获取，国家图书馆也满足部分其他情境下的信息查询与获取需要。人们在很多情境下都可能发生信息查询与获取需要，多数国家图书馆都优先考虑知识创新情境下（即研究过程中）的信息查询与获取需要，将保障研究活动中的信息查询与获取确定为第二大使命。这里的“研究活动”是由活动性质而不是研究者的身份决定的，即使是非专职的研究人员，如普遍民众、学生，都可能在特定情境下产生特定的研究需要，国家图书馆满足所有人在任何情境下产生的任何研究需要。此外，根据国情不同，有些国家图书馆也负责满足其他情境下的信息查询与获取需要。例如，满足中央政府和其他权力机构在立法及决策过程中出现的信息查询与获取需要。

三、国家图书馆的馆藏体系

要保障本国文明的传承和代与代之间信息查询与获取需要（即发挥国家总书库的职能），国家图书馆首先必须系统完整地收集本国生产的所有文献，包括公开出版的文献、未公开出版的文献、政府出版物、手稿、绘画作品、音频、视频等。对于本国生产的实体文献（包括印刷式文献以及光盘等实体电子文献），国家图书馆主要通过呈缴本制度并辅以采集、募捐、交换等，保证其系统性和完整性；但对于数字化文献，特别是万维网上存在的大量数字化文献，目前还缺少成熟的采集方案。中国国家图书馆自 2003 年启动的网络信息采集与保存试验项目，主要针对互联网上的信息（包括网页、网页里的图片、doc、pdf 文件等），进行采集和储存，该项目根据网站和网页的不同特点分别进行镜像存档和专题存档，镜像存档主要采集政府网站、电子报刊、中国学等内容，专题存档主要采集像北京奥运会、非典专题、中国载人航天工程等对中国比较重要的事件的内容。

要保障全国研究活动中的信息查询与获取，国家图书馆还必须拥有丰富的学术文献馆藏，因此，除了主要用于保存的国内出版物的副本，国家图书馆还要另外收集国内外出版的学术文献。这部分馆藏主要通过采购和授权的方式进行建设。

国家图书馆通常还是重要国际组织文献的保存馆，一些国家图书馆还与其他国家的图书馆交换各自政府的出版物，因此他们通常还拥有一个丰富的政府出版物馆藏。中国国家图书馆对国际组织和外国政府出版物的收藏可以追溯至20世纪40年代（1947年国立北平图书馆成为联合国文献的保存图书馆）。主要收藏联合国、联合国教科文组织、世界卫生组织、联合国粮农组织、世界银行、国际货币基金组织等国际组织的出版物及部分国外政府出版物。出版物内容涉及政治与外交、经济与金融、法律与法规、科教与卫生、人口与人权，以及各种统计资料。

国家图书馆作为国家总书库、全国学术文献中心及国际组织和政府出版物保存馆的地位，决定它通常是一个国家馆藏量最大的图书馆。

四、国家图书馆的检索系统

国家图书馆配置的信息检索系统包括自建系统和外购系统两大类。外购系统是指国家图书馆从专门的数据库开发机构购置的检索系统，这类系统支持的查询不限于具体图书馆的馆藏。自建系统是国家图书馆通过本馆的信息组织整理活动形成的信息查询工具，通常包括但不限于以下种类：国家书目、国家图书馆馆藏文献总目录、国家图书馆特种文献目录、针对特定专题文献（不限于馆藏）的检索系统或网络导航系统、跨库联合检索系统或一站式资源发现系统等。

20世纪末以来，随着图书馆购置和自建数据库的增加，一些国家图书馆也开始开发支持跨库检索的联合检索系统或一站式资源发现系统。如第七章所述，前者是将用户提交的检索词分别与不同的分布式数据库进行匹配，用同一界面向用户反馈所有匹配结果；后者是采用分析、抽取等元数据收割技术，形成元数据联合索引库，将用户提交的检索词与该库中的元数据进行匹配，统一输出匹配结果。自21世纪初开始，中国国家图书馆研发的“文津搜索”就是支持一站式检索的发现系统，该系统的检索范围涉及国家图书馆所有自建、外购和征集的数据，同时收割图书馆联盟网站上的相关元数据和其他互联网的相关元数据作为补充，支持图书馆书目信息和各类数字资源的“一站式”查询和发现。

五、国家图书馆的服务设计

国家图书馆的服务设计，就是根据信息相关规律及用户行为规律，设计合理有效的活动，一方面完整系统地保存本国的文明记录，另一方面最大限度地保障当代人在知识创新等情境下的信息获取。因此，国家图书馆的服务也包括若干不同的板块。首先是保存、整理、宣传及提供本国文明记录的服务。这部分工作的重点和难点都在于保护性地开发和利用已有文献，特别是古籍以及虽非古籍却比较珍贵的文献，因而需要为之设计比较特殊的服务。中国国家图书馆针对民国文献开展的服务就属于此类服务。民国是我国历史上一个非常特殊的时期，在结束封建帝制之后，我国在教育、文化、科技、法制、思想等领域都出现了非常活跃的创新活动，每个领域都产生了大量文献。由于民国开启的教育、文化、思想等领域的创新对今日中国依然具有重要的借鉴价值，因而，民国文献不仅对历史研究而且对各个领域的创新研究都具有广泛的参考价值。然而，由于民国文献破损严重，它们的保护性开发利用便成为中国国家图书馆面临的巨大挑战。为了兼顾保存、开发和利用，中国国家图书馆自2000年以来对民国文献进行了大规模的影印出版、缩微品制作、数字化转换等保护性开发工作，建成了民国图书、民国期刊、民国法律等多种全文影像数据库，然后通过国家图书馆的数字化服务平台提供获取。

国家图书馆的第二大服务板块是为支持全国研究活动中的信息获取而设计的服务，这包括外借阅览、参考咨询、文献复制、数字化文献的远程获取、文献传递等。其中，外借阅览指通过向用户借出文献或提供馆内阅览空间，支持用户从馆藏文献中获取信息。参考咨询指图书馆员通过面对面交流、电话或网络，针对用户的问题直接提供答案或相关信息，其中通过网络提供的参考咨询服务也叫虚拟参考咨询。文献复制服务是指图书馆提供文献复制设施（如复印机），支持用户按合理使用原则，从其需要的文献中复制一定比例的资料。数字化文献的远程获取指国家图书馆向文献提供者购买文献使用授权，并向双方认定的合法用户提供远程获取的服务。文献传递服务指国家图书馆接受用户个人直接提交的申请或其所在地图书馆代其提交的申请，从本馆馆藏中找到用户指定的文献（如图书或论文），以合适的方式提供其利用的服务：对篇幅较长的文献（如图书）一般采取馆际互借方式，办理外借手续，用邮寄方式提供给用户；对篇幅较短的文献（如论文），通常采取数字化文献传递的方式，即先下载或扫描用户申请的文献，然后通过网络传递给用户。由于国家图书馆需要面向全国各地的研究活动提供信息获取保障，很多研究者会在当地图书馆无法满足其需求时，向国家图书馆提出文献传递申请，因而，文献传递服务是国家图书馆向其他图书馆或个人用户提供的非常重要的服务：不列颠图书馆的“文献提供服务”就是不列颠图书馆为实施文献传递服务而专门成立的部门，它也是不列颠图书馆最负盛名的部门之一。

国家图书馆的第三大服务板块是为支持其他情境下的信息获取而设计的服务。例如，如果国家图书馆还负责保障国家权力机构在立法和决策情境下的信息获取，那么，它就需要设计和配备与此相关的信息提供、深度参考咨询、决策研究等服务。中国国家图书馆就负责保障国家机关在立法与决策情境下的信息获取，因此，中国国家图书馆提供一系列与此相关的服务，包括直接服务和间接服务两种类型。直接服务是指国家图书馆直接与服务对象发生业务联系的服务。

六、国家图书馆的管理体制

国家图书馆一般通过国家图书馆法确立管理体制。英国国家图书馆由专门成立的国家图书馆理事会管理，该理事会的构成通常包括 8 至 13 个委员。理事长由国务大臣任命；委员中，一位由女王任命，其余的由国务大臣任命。理事会负责制定国家图书馆的政策、审定预算、任命馆长等。图书馆馆长是理事会的当然成员，负责图书馆的日常管理工作。南非国家图书馆的主管部门是艺术、文化、科学技术部；实际管理国家图书馆的是部长任命的国家图书馆理事会。国家图书馆馆长是理事会的当然成员。理事会与部长协商制定有关国家图书馆的方针、政策、审核国家图书馆的预算、任命图书馆馆长、规定图书馆工作人员的待遇。图书馆馆长负责管理图书馆的日常运行，向理事会直接负责。我国国家图书馆在中华人民共和国成立以后始终直属文化部。文化部直接负责国家图书馆重大方针、政策、发展规划等。图书馆馆长负责管理图书馆的日常业务及行政工作。

第三节 公共图书馆

一、公共图书馆的概念

公共图书馆包含了四个基本内涵：①公共图书馆是一个社区设施，由社区建立、维持并为社区所拥有。这里的“社区”指一个地区及居住在那里的人民，既可以是一个小镇，也可以是一个城市，与我国城市街道所辖“社区”并非同一概念。之所以说公共图书馆是一个社区设施，且为社区所拥有，是因为它通常都由社区居民缴纳的地方税收支持，即社区居民是公共图书馆的实际出资人。②公共图书馆是在中央政府、地方政府或其他社区组织的安排、协调和管理下建设起来的，或者说是社区委托中央政府、地方政府或其他社区组织建设的。③公共图书馆需向所在社区的全体居民平等提供资源和服务，这里的“全体居民”是按字面意义理解的“全体”，它强调公共图书馆不以任何特征排斥任何人。这意味着公共图书馆的用户群体具有极大的包容性、广泛性和多样性。公共图书馆的用户群，从年龄上看，包括从幼儿到老年的所有年龄段；从社会阶层来看，包括各种经济能力和政治地位的成员；从职业来看，包括各行各业的人员。公共图书馆用户成分无与伦比的包容性是它区别于其他社会机构的重要特征，也是公共图书馆存在和发展的巨大政治资本。社会越是分化，公共图书馆的这一特征和资本便越是突出和可贵。④公共图书馆通过其提供的资源和服务，保证公众能够获取其需要的人类知识及信息，因此，公共图书馆存在的基本目的就是保证社区成员对信息的查询与获取。

公共图书馆的单位可以是“座”“所”或“个”。其中“座”代表以建筑物为单位的图书馆，有多少图书馆建筑物，就有多少座图书馆，含义比较明确。而“个”或“所”的含义就不那么明确，一馆两舍的图书馆究竟是一所还是两所？人财物统一管理的特定总分馆究竟是一所还是多所？国外对一所（个）图书馆的界定方式也不一致。在美国的统计资料中，一个人财物统一管理的单元被称为一所图书馆，所以，2007 年的统计资料显示，美国当年有 9217 所公共图书馆，但有 16 604 个场馆（含流动图书车）。而在英国的统计资料中，一所图书馆就是一个场馆或一辆流动图书车。2010 年的统计资料显示，英国 2008 年—2009 年度有 4517 所图书馆，就是指 4517 个场馆（含流动图书车）。我国通常也按场馆统计公共图书馆数量。

二、公共图书馆的使命

公共图书馆用户的多样性决定了其保障的信息查询与获取需要的广泛性。公共图书馆致力于满足普通民众在几乎任何情境下产生的信息查询与获取需要，这意味着，如果将这些需要表达为公共图书馆承担的使命，我们将得到一个很长的使命清单。为了帮助公共图书馆对外宣介自己，对内规划和组织服务，很多公共图书馆管理机构、行业协会和研究者，都曾对公共图书馆的使命做过梳理、阐释或陈述。例如，联合国教科文组织和国际图联联合发布的《公共图书馆宣言》和《国际图联公共图书馆服务指南》、英美等国不同时期出台的著名公共图书馆报告和文件，都包含公共图书馆使命陈述。这些文件中表达的公共图书馆使命大致可以归纳为如下方面：

1. 教育使命：指公共图书馆一方面对各级正规教育的学生提供支持，帮助他们完成正规教育计划；另一方面鼓励公众从事自主学习，支持他们从事继续教育，帮助他们实现个人发展。

2. 面向具体问题的信息保障使命：指图书馆根据对用户信息需求的预期或用户提出的具体问题，提供针对性的知识、信息或参考资料，以保障用户在参与社会生活和民主过程、维护自身权益、解决生活或工作中遇到的问题时，能够方便有效地获取相关信息

3. 文化传播使命：指图书馆通过向社区成员提供各类文化产品和活动，帮助他们开阔眼界，增长见识和鉴赏能力，了解自己的文化和其他文化，促进文化间的对话、理解、包容。

4. 促进社区凝聚和社会和谐使命：指公共图书馆利用其空间资源和服务，为社区提供安全、温馨、中立、面向所有人的空间，充当社区的公共港湾，帮

助社区居民建立共同的社区身份意识，促进社区居民的交流，减少社会排斥；同时通过信息服务和终身教育服务帮助弱势群体提高参与社会生活的能力。

5. 培养阅读习惯使命：指图书馆通过提供合适的资源、阅读环境和服务，推动阅读成为个人的终生爱好和社会的普遍习惯。

6. 基本文化素养（读写能力）和信息素养培育使命：前者指图书馆利用自己的资源和服务支持人们获得并维持基本的读写能力；后者指图书馆帮助人们获得信息查询、信息获取和信息评价等能力，特别是利用现代信息技术实现信息查询与获取的能力。

如果我们从保障信息查询与获取的角度对上述使命做进一步归纳，可以将其分为三大类：第一类是保障人们在求知、解决问题、培育文化理解力和鉴赏力、参与民主与社会活动等情境下的信息查询与获取需要；第二类是通过扫盲、阅读推广和信息素养培训，培育社会成员获取信息的能力和习惯；第三类是通过合理设计图书馆的空间和服务，鼓励和支持社区成员的直接交流，促进社会和谐。

三、公共图书馆的馆藏体系

根据公共图书馆的使命，公共图书馆的馆藏体系要力求最大限度地满足普通民众在日常生活、个人发展、民主参与等情境下的信息查询与获取需要。其主要构成包括：学术类、参考类（如百科全书、辞典、统计资料等）、通俗及休闲类、实用类、政府出版物及其他政府信息、地方文献。其具体结构取决于图书馆对各类使命的侧重排序：如果图书馆优先考虑正规教育、社会教育及问题情境下的信息查询和获取需要，那么，其馆藏体系就会比较侧重学术类及参考类文献；如果图书馆以培育文化鉴赏力和阅读兴趣为主旨，其馆藏体系就会比较侧重通俗及休闲读物。

从整体来说，公共图书馆的馆藏体系比较体现“大众化”特点。与其他类型图书馆馆藏相比，公共图书馆的通俗读物（如小说、传记）和实用读物（如家居、旅游）比例较高，载体种类也比较多样化，不仅包括图书、期刊、报纸，还包括大量录音带、录像带、光盘等载体。此外，公共图书馆一般比较注重收集反映地方特色的馆藏，很多公共图书馆还承担着收集、陈列和提供地方政府政策、文件、报告等职责。这些特点使公共图书馆在馆藏体系方面明显区别于其他类型图书馆。

四、公共图书馆的检索系统

与国家图书馆一样，公共图书馆首先要维持一个完整、系统、准确的本馆馆藏目录；有特色馆藏的图书馆也可能单独开发本馆专题 / 特色馆藏目录。此外，图书馆有可能根据本地民众的兴趣和经济社会发展需要，依托本馆网站，建设特定主题的门户网站或网络资源导航系统。此外，取决于公共图书馆确定的使命重点，有些公共图书馆也需要外购一定数量的一般检索系统（不专门针对馆藏的检索系统）。

一旦特定图书馆自建和外购的检索系统达到一定规模，用户对其进行一一检索的时间成本和努力程度就有可能超出负荷，因此，凡提供很多检索系统的大型公共图书馆，最终也必须考虑构建具有跨库检索功能的联合检索系统或一站式资源发现系统。

五、公共图书馆的服务设计

如前所述，公共图书馆的一般使命就是保障人们在求知、解决问题、培育文化理解力和鉴赏力、参与民主与社会活动等情境下的信息查询与获取需要，同时通过扫盲、阅读推广和信息素养培训，推动社会成员的信息获取。由于每一项使命都要求相应的资源保障条件和实施活动，这就要求公共图书馆根据自身使命及不同使命的实现规律，科学规范地设计相应服务，确保图书馆切实有效地实现自身使命，最大限度地支持相应情境下的信息查询与获取。

（一）辅助正规教育的服务设计

公共图书馆支持正规教育的使命是指对各级正规教育的学生提供支持，帮助他们完成正规教育计划。

在世界范围内，公共图书馆明确将支持正规教育确立为自己的使命，大致开始于 20 世纪中期以后。这一时期同时也是正规教育的目标和方式加快转型的时期。20 世纪 30 年代之前，正规教育的目标就是向学生系统传授已有的人类知识，实现这一目标的基本媒介是老师和课本，基本方法是老师讲授加学生记忆；20 世纪 30 年代开始，西方国家的正规教育开始逐步强调学生在学习过程中的积极主动作用，到 40 年代至 50 年代，教育的目标就开始强调学生能力的培养，而不是简单的知识传授。所谓能力培养就是要切实赋予学生作为合格公民的各种能力，如批判分析能力、发现问题的能力、解决问题的能力、创新能力、交流能力、自学能力等。根据教育学的研究发现，能力培养已经不能单纯依赖老师和课本，而是同时依赖学生的自主学习（包括自主阅读、探究等）。作家龙应台曾以德国历史课教学为例，展示正规教育如何依赖探究型自主学习："如果这一课是 1870 年的普法战争，那么老师会在上课前要求学生读很多第一手资料，譬如俾斯麦首相的演讲原文，要学生从演讲稿中探讨当时普鲁士的外交政策，从而分析普法战争的真正原因……如果这一堂课的主题是纳粹，学生可能必须去读当时的报纸、希特勒的演讲、工会的会议记录、专栏作家的评论、纪录片，等等，然后在课堂里辩论——纳粹的兴起，究竟是日耳曼的民族性所致，还是《凡尔赛和约》结下的恶果？或者是经济不景气的必然？"这份作业涉及的资料种类之多，如果没有图书馆服务为之提供高效便捷的获取渠道，将是不可想象的。显然，以能力培养为目标的教育模式因为强调自主学习而必然强调自主的信息获取，因而非常依赖专业化图书馆服务的支撑；又由于大部分自主学习活动发生在校外，仅仅依赖学校图书馆是不够的。正是在这种需求驱动下，公共图书馆开始明确地将支持正规教育纳入自己的责任范畴。

要支持上例所示的探究型自主学习，图书馆首先需要了解学校的课程设计、进展、重要作业；其次需要集中配备自主学习过程需要的各种媒介资料（如上例中的演讲稿、报纸、会议记录、纪录片等）及参考工具书；再次需要辅助学生有效查询与获取所需资料。因此，图书馆围绕支持正规教育使命而设计的文献体系和服务，就是把辅助正规教育机构培养学生的综合能力作为终极目标，遵循能力培养的内在规律，而配备的资源和服务 20 世纪 70 年代以后，英国和美国的一些公共图书馆大都采取"作业支持中心"的服务形式。这是一种配合学生的研究型和探究型学习、面向学生和家长提供的"一站式学习中心"，其目的是在同一个空间内，为开展探究型或研究型学习的学生提供其需要的所有资源、设备、参考咨询，甚至专家辅导。

（二）支持终身教育的服务设计

如前所述，公共图书馆支持终身教育的使命是指它在鼓励自主学习，支持继续教育，帮助公众实现个人发展方面承担的责任；换言之，公共图书馆的第二大教育使命是支持与正规教育无关的非正式学习，一些图书馆学文献也把这一使命叫作“社会教育使命”。

终身教育使命是公共图书馆最早承担的使命之一。19 世纪中期，公共图书馆的先驱们（如爱德华兹）和支持公共图书馆的政治家正是依托这一使命证明了公共图书馆对现代社会的独特价值及其存在的合理性。19 世纪末到 20 世纪上半叶，由于公共图书馆的实际利用率主要发生在休闲阅读方面，公共图书馆承担社会教育使命的能力曾一度遭受质疑，但随着西方社会从工业社会向所谓“信息社会”“知识经济”“学习型社会”转型，公共图书馆的社会教育使命重新获得各国政府及国际组织的广泛认可。其共同的基本思想包括：在当代社会中，由于知识和信息已经成为经济社会发展的主要驱动力，知识更新速度加快，个人在正规教育中获得的知识在很短的时间内就会老化；为了维持个人在经济及社会生活中的参与能力，社会成员需要不断更新已有知识；公共图书馆是培育自主学习能力和求知欲、支持个人通过自主学习实现知识更新的重要平台。

不同年龄段的非正式学习具有不同的特点，因而需要不同的服务设计。例如，面向成人自主学习活动的服务，需要根据当地居民终身教育需要和知识更新热点进行设计，比较典型的相关服务包括：提供学习空间和资料、组织讲座及培训活动、参与网上学习资源建设、提供有关继续学习机会的信息及建议、参与全国或地区性终身教育项目等。

（三）面向具体问题的信息服务设计

尽管公共图书馆从一开始就在一定程度上面向具体问题提供相关知识、信息或文献，但把面向问题的信息保障纳入公共图书馆的核心使命，大约始于 20 世纪中叶。当时，除了在二战前就已经受到关注的信息需求（如商业信息、研究信息）外，战后的西方社会由于以下因素的作用，产生了更多与公众生活息息相关的信息，激发了更多日常生活信息需求。首先，大规模的战后重建产生了大量政策性、规划性政府信息，刺激了普通公众对这部分信息的需求；其次，福利国家产生了大量福利权益信息及公共服务信息，引起了公众特别是弱势群体对这部分信息的需求；再次，移民的增加产生了大量来自新移民的信息需求。这一切都激发了公共图书馆面向具体问题提供信息保障的责任感。

图书馆围绕这一使命而设计的文献体系和服务，通常以向用户提供解决问题的知识、信息或线索为终极目标，以用户的信息搜寻行为为依据，以相关资源和服务对解决问题的有用性为评价标准。图书馆首先要根据用户的信息需求，预期典型的问题解答诉求，配备相应的信息资源及查询工具，以便用户可以自主查询相关信息以解决问题。根据有关用户需求的研究发现和服务经验，一般图书馆都预期用户对以下信息存在比较普遍的需求：政府信息、公民权利信息、本地信息（社区信息）、日常生活相关信息（如旅游信息、家电维修信息、未成年子女假期活动信息等）、科学研究信息、商业信息、机构（政府机构、慈善机构等）及其业务信息。其次，公共图书馆还需要配备合适的专业人员，通过面对面服务、电话、网络等服务形式，一对一地解答用户提出的问题。这种服务通常称为参考咨询服务，其内容主要包括：①帮助用户查找和确定馆藏资料的位置或操作图书馆的相关设备；②帮助用户解释查到的资料；③利用参考馆藏和网上资源解答用户提出的问题或提供针对性信息；④对图书馆无法解答的复杂问题，将用户指向能解答其问题的其他机构，如志愿者组织、地方政府、专业协会或组织。其中，把用户引介到其他合适机构的服务也叫导引服务。

（四）支持文化传播的服务设计

公共图书馆的文化传播使命是指图书馆通过向社区成员提供各类文化产品和活动，帮助他们开阔眼界，增长见识和鉴赏能力，了解自己的文化和其他文化，促进文化间的对话、理解、包容。

图书馆围绕文化传播使命而设计的服务就是以促进人们了解各类文化，增强文化鉴赏能力为终极目标，开发馆藏以及其他资源的文化传播价值。截至目前，这类服务的设计似乎并没有显著的规律可循，但公共图书馆的经验显示，在实现文化传播使命的过程中，多元文化视野、各种媒介的综合运用、用户活动的开展，都是不可缺少的要素；在口授传统浓厚的国家或地区，公共图书馆还需要支持口授文化的传承和传播。

（五）培养阅读习惯的服务设计

培养阅读习惯的使命是指图书馆通过提供合适的资源、阅读环境和服务，推动阅读成为个人的终生爱好和社会的普遍习惯。

阅读习惯的培养也是公共图书馆最早承担的使命之一。早在19世纪末，美国图书馆学家杜威就提出，图书馆职业的宗旨是以最小的成本将最好的图书提供给最多的读者。早期公共图书馆还期待通过推广阅读改变产业工人的生活习惯，将他们从酒吧、赌博等场所吸引到图书馆。因此，早期公共图书馆更倾向于把阅读习惯的培养看成教育教化使命的手段。直到20世纪上半叶（特别是一次世界大战之后），在休闲阅读逐步成为公共图书馆满足的正当需求之后，阅读习惯的培养才成为独立的使命。这时的图书馆员相信，当阅读成为一个人的终生爱好和习惯，阅读行为就会成为日常生活的组成部分，这样的阅读行为即使不产生立竿见影的功利效果（如学习成绩的提高），也会对个人和社会产生长远的益处；换言之，阅读习惯具有独立于功利效果的内在价值，值得作为图书馆活动的终极目标而为之努力。

图书馆围绕阅读习惯培养使命而设计的文献资源体系和服务遵循阅读习惯的形成规律，已获得广泛认同的阅读习惯形成规律包括：阅读习惯形成于幼年和童年、阅读习惯的养成需要伴随快乐的阅读体验、儿童的阅读习惯与父母的阅读习惯具有相关关系、父母与孩子共度阅读时光（亲子阅读）能增强儿童的阅读快乐从而促进阅读习惯的养成等。这些规律引导图书馆关注诸如以下问题：阅读促进活动的重点人群是什么？如何将低幼儿童纳入图书馆服务对象？如何引领低幼儿童亲近图书和文字？如何支持父母与孩子共度阅读时光？如何将快乐的阅读要素植入孩子们的馆内馆外阅读行为？如何从图书的陈列方式、图书馆的空间布置、灯光、座位等细节增加馆内阅读的愉悦体验？

除了常规的外借阅览服务，各类阅读推广活动是公共图书馆为完成这一使命最经常开展的服务。阅读推广活动通常指以培养一般阅读习惯或特定阅读兴趣为目标而开展的图书宣传推介等活动，如图书展览、推荐书目、阅读俱乐部或读书会、故事会、亲子阅读等。有效的阅读推广效果表现为公众阅读行为和阅读量的改变，这包括：无阅读兴趣者培养出阅读兴趣，阅读兴趣单一者拓展阅读范围并增加阅读量，阅读兴趣广泛者增加阅读量。

（六）促进社区凝聚、社会和谐的服务设计

公共图书馆的社会和谐使命是指公共图书馆的以下责任：利用公共图书馆的空间资源和服务为社区提供安全、温馨、中立、面向所有人的空间，促进社区居民的面对面交流，充当社区的公共港湾，帮助社区居民建立共同的社区身份意识，减少社会排斥；通过信息服务和终身教育服务帮助弱势群体提高参与社会生活的能力。

尽管公共图书馆从一开始就因平等包容服务而具有促进社会和谐的客观效果，但把社会和谐明确表述为公共图书馆的使命，始于 20 世纪末的英国公共图书馆界。1997 年上台的工党政府将社会包容确定为核心执政目标，而且从一开始就把公共图书馆视为社会包容与和谐的重要力量。1999 年，工党政府的文化传媒与体育部要求公共图书馆在服务设计中考虑社会包容责任；2003 年，文化传媒与体育部把社会包容确定为未来十年英国公共图书馆的核心使命之一。这一切都促使英国公共图书馆从使命（而不仅仅是客观效果）的角度，重新考虑公共图书馆在社会和谐中的作用。在其他国家，也有很多学者和馆员呼吁公共图书馆在更大程度上关注自己作为公民空间，即民主参与舞台的作用。

图书馆围绕社会和谐使命而设计的服务，就是以促进社区成员之间的交流、提升人们的公民意识和参与度为终极目标，以社区调研、用户需求（特别是弱势群体的需求）以及相关社会学理论（如场所理论、社会资本理论）为依据，开发利用图书馆的各类资源。公共图书馆围绕这一使命开展的典型服务包括：

①根据弱势群体的特殊需要和信息行为规律，针对性地提供相关信息和服务；②根据社区成员的需要和有关公共场所的社会学理论，合理设计、有效管理和平等开放图书馆的空间资源，保持图书馆空间的温馨友好，为社区成员从事阅读或学习、开展交流、讨论问题、召开会议等，提供空间；③根据社区的人口学特征和社区发展需要，组织或支持社会成员自主组织各类社区活动，例如，面向儿童和青少年的故事会、读书俱乐部、各类表演（如木偶表演、动物表演等），

面向成人的讲座、培训（手工、烹饪、摄影等）、读书俱乐部、各类展览等。

六、公共图书馆的管理体制

由于公共图书馆的经费主要来自地方税收，并由地方政府的特定部门（如文化、艺术或教育部门）具体负责，因而公共图书馆的管理体制与一个国家的公共行政管理体制存在很大关联，这就使不同国家的公共图书馆的管理体制存在很大不同。

在英国，公共图书馆的主管部门是地方政府，地方政府负责提供图书馆发展所需经费，保证图书馆功能的正常发挥。地方政府主要通过组建公共图书馆委员会或分委员会的方式，管理当地的公共图书馆。图书馆委员会的主要职责包括审核图书馆规划、预算，制定图书馆政策，聘任馆长等。在全国范围内，负责全国公共图书馆协调、监督、指导的中央政府部门是文化、体育及传媒部。该法令规定，文化、体育、传媒部对公共图书馆事业的发展行使两个方面的职权：第一，监督地方政府对公共图书馆的支持和管理情况，对不能有效支持和管理当地公共图书馆的地方政府，给予责罚，文化大臣亲自行使这一权利。不过，自 1964 年《公共图书馆与博物馆法》公布以来，这个权利很少被使用。第二，扶持领导公共图书馆事业的发展，包括为图书馆事业提供战略指导，在全国推动图书馆事业的发展，促进事业创新和变革。

在美国，虽然各州公共图书馆的管理体制存在一定差异，但比较普遍的体制是由图书馆理事会管理图书馆。理事会负责一般规划及政策的制定，但重大的图书馆投资项目由当地民众投票决定。图书馆理事会由地方政府任命或由当地居民直接选举产生，其成员主要来自当地居民代表，其主要职责是代表当地居民监管由政府建立、由专业馆员运行的公共图书馆服务。其具体职责包括从地方政府为公共图书馆争取并管理经费，决定经费在文献、人员、设施等要素间的分配比例，决定公共图书馆的重要政策、任命馆长、履行其他不适合直接赋予馆长的权利和义务。在全国范围内，负责领导和扶持公共图书馆事业的机构有两个：博物馆及图书馆服务署和国家图书馆情报学委员会。这两个机构的职责还同时涵盖公共图书馆之外的其他图书馆类型，其中博物馆及图书馆服务署是一个代表联邦政府向图书馆提供财政支持的机构，每年都向各类型图书馆提供份额不等的财政补贴。

在我国，公共图书馆的主管部门是每一级地方政府的文化厅或文化局。大部分文化厅（局）都通过分管图书馆工作的某个处对图书馆实施具体领导。文化厅（局）负责制定本地区公共图书馆的发展战略和重大方针政策，聘任图书馆馆长主持图书馆的日常工作。

七、公共图书馆的组织结构

公共图书馆内部的组织结构一般按活动内容设置。大型公共图书馆通常将其活动分成两大部分：公共服务和技术服务。公共服务负责所有直接与用户发生接触的活动，如文献流通、参考咨询等；技术服务负责所有“幕后”活动，如采购、编目、系统维护等。按上述活动内容安排图书馆员工就形成了从馆长到两大部门再到它们各自的分部门的等级式组织结构。

20 世纪 70 年代以后，很多公共图书馆还尝试着对这种传统的等级式结构进行彻底改革。他们认为这种结构的主要弊端是决策过于集中、管理环节过多、机构对外界的变化反映不够灵敏、不能适应现代图书馆所处的复杂多变的外部环境。在这种改革中出现的最常见的组织结构是团队式的结构。这是一种按服务对象、服务区域或其他标准组成团队的组织方式。每个团队负责与目标对象或区域相关的所有业务，不适合归进任何团队的业务由支撑团队负责。团队组长不仅参与全馆决策，而且在很大程度上具有独立决策权。所以，团队结构的实质就是使图书馆组织扁平化、决策过程分散化的一种组织结构。

第四节　学校图书馆

一、高等学校图书馆的概念

高等学校图书馆指隶属于特定高等教育机构，为该机构的教师、学生、科研人员及其他相关人员服务的图书馆。高等教育机构一般指高中水平以上的教育机构，英美等国也称之为第三级教育机构。

由于隶属于特定的高等教育机构，高等学校图书馆一般具有非常鲜明的用户群体：本科生、研究生、研究人员、教师以及学校管理人员；真正影响图书馆决策和活动的主要是前四类用户。

二、高等学校图书馆的使命

高等学校图书馆的基本使命是协助所在学校实现其总体目标。一般高等学校的总目标都包括教学、科研和社会服务三个方面。学校性质不同，其目标的侧重点也有所不同，例如，美国设有博士生课程的四年制大学与两年制的社区学院在办学目标上就存在很大差异；20 世纪 90 年代以前，英国的大学和技术学院之间也有很大不同。前者都代表了所谓的“研究型”大学的模式，这是一种源于 19 世纪德国的办学模式，其特点是注重科研目标，强调以科研促教学；而后者则代表了非研究型大学的模式，其特点是注重教学，很少承担甚至不承担科研任务。

所以，高等学校图书馆的使命就是保障高等教育机构在教学、科研、社会服务情境下产生的信息查询与获取需要。教学情境下的信息查询与获取，是围绕教学计划的实施而产生的需要。如上一节所述，教学情境下产生怎样的信息需求取决于教学理念和教育模式。以知识传授为目标的教育很少产生自主的信息获取需要，因为系统的教科书和擅长讲课的老师被认为是知识传授的最好媒介；以能力培养为目标的教育因为强调自主学习和探究学习，因而会产生大量的信息获取需要。这类需要分布在从教师到本科生的所有四类主要用户中。教师因教学活动而产生的对图书馆的需求非常广泛，如要求图书馆为之提供较全面的教学参考资料、核对阅读书目、准备阅读书目中的文献、保证这些文献能够被学生方便获取、核实教学用资料的版权限制、为开发教学软件提供文献和技术方面的支持等。研究生和本科生在教学情境下产生的需求，往往与特定课程及其要求密切相关，因而在特定时间里，他们往往表现出对特定教学参考资料的高度集中的需求。此外，本科生还对图书馆的空间（如自修空间）、设施（如复印设备、计算机）以及图书馆员的帮助具有较强烈的需求。

科研情境下产生的信息查询与获取需求，是指高等学校的教师与学生在从事知识创新或研究训练时产生的需要。教师与博士研究生一般需要承担较具体的、处于学科前沿的课题，因而需要全面跟踪和获取本领域的最新文献，这就导致他们对反映最新研究成果的文献（如期刊、研究报告）、专业化检索工具、馆际互借或文献传递系统，具有持续的依赖。本科生和硕士生在接受研究训练的阶段（如撰写毕业论文的阶段）也会产生阶段性的类似需求。

社会服务情境下产生的信息查询与获取需要主要指高等学校的师生在以各种方式参与企业、政府、非政府组织、社区等组织的活动时，产生的信息查询与获取需要。高等学校师生承担的社会服务活动包括但不限于：接受政府委托而开展的决策支撑研究、接受企业委托而开展的研发性活动、为非政府组织或社区提供的志愿者活动。此外，作为“学校—社区”互助关系的组成部分，高等学校图书馆还经常通过当地公共图书馆或直接向社区成员提供公共图书馆没有收藏的信息。

三、高等学校图书馆的馆藏体系

高等学校图书馆馆藏体系建设的首要目标就是依据学校的总体目标和系科设置，根据人才培养和科研规律，配备和优化教学和科研过程所需的信息资源。学校的教学目标要求图书馆拥有丰富的教学参考书、专著、参考工具书，还要求为相当比例的图书配备适量的复本以满足学生高度集中的文献需求。学校的研究目标要求图书馆全面系统地收集反映最新科研动态的文献类型，如学术期刊、研究报告以及全面权威的文献检索系统。

由于需求多元而且集中、学术文献价格昂贵且增长迅速，而经费总是有限，高等学校图书馆的馆藏体系建设确实充满挑战。他们经常需要在各种制约下针对不同需要寻求平衡，这包括：①专业平衡，必须兼顾各专业的需求，适当向重点学科倾斜；②面向科研的文献与面向教学的文献的平衡；③对需求比较集中的文献（如指定教学参考书），维持种数与复本数的平衡；④预备式与即时式两种获取方式的平衡。

21 世纪以来，很多高等学校图书馆还将机构资源库建设纳入了馆藏体系建设。如第二章所述，高等学校的机构资源库就是特定学校为全面系统收集、保管及传播本校师生的研究结果（包括研究数据、工作论文、研究报告、发表论文、专著、学位论文等）而建设的数字资源系统，一般由图书馆负责建立，构成图书馆馆藏体系的有机组成部分。目前，高等学校图书馆建设的机构资源库水平差异很大，有些图书馆只收录了其中的学位论文，有些收录了学位论文及其他最终研究成果，有些则把研究数据也包括在内。目前，虽然将研究数据纳入机构资源库的图书馆的数量还相对较少，其正当性也充满争议，但研究数据的保管确实已经成为高等学校图书馆十分关注的话题。

四、高等学校图书馆的检索系统

图书馆还需要单独开发本馆专题 / 特色馆藏目录；建设机构资源库的图书馆还要对机构资源库的资源进行专门组织整理，为机构资源库配备检索功能；大多数高等学校图书馆还会根据学校的专业设置和研究兴趣，依托本馆网站，建设专题门户网站或网络资源导航系统。此外，他们还需要外购一定数量的一般检索系统。

由于高等学校图书馆配备的检索系统通常很多，高等学校图书馆通常需要构建具有跨库检索功能的联合检索系统或一站式资源发现系统。

五、高等学校图书馆的服务设计

（一）教学支持服务

这是指高等学校图书馆根据能力培养规律及教师和学生的需求，配备辅助教学过程的服务，甚至直接参与教学过程，最大限度地保障教学情境下的信息获取。

高等学校图书馆为教学活动提供的基础服务就是保障师生教学活动所需信息。这要求图书馆根据课程设置和教学计划的安排，配备相关文献；对需求比较集中的文献设计保障方案。传统高等学校图书馆一般采用馆内阅览和短期借阅的形式来解决集中需求问题。馆内阅览是在调研教学需求的基础上，将需求量大的教学参考书集中起来，仅供馆内阅览。短期借阅则对需求量大的文献严格限制借阅期限（如 24 小时）。收入馆内阅览或短期借阅部的文献一般都是教师指定的教学参考书，因而需要根据教学计划经常变动。20 世纪 90 年代以来，越来越多的图书馆开始通过数字化手段解决集中需求问题，即：图书馆事先调研每门课程的指定阅读资料，确定集中需求的文献清单，分拣出只有纸质版的阅读资料，在征得版权许可后将纸质文献数字化，然后通过计算机网络传递给用户，彻底突破时空和复本率的限制。很多图书馆为此专门开发了阅读书目管理系统，支持课程指定资料的查询与获取，并辅助馆员与师生就阅读资料问题及时交流。由于涉及与教师的协作和版权许可，这其实构成了高等学校图书馆一项非常复杂的教学支持服务。

高等学校图书馆还为教学活动提供各种空间，这包括：①视听室、电脑实验室、研讨室等教学空间，这类空间可以保证那些需要穿插图书馆资源的教学活动能安排在图书馆进行，也为图书馆开展的信息素养培训提供场所；②各类自主学习空间，包括开放学习空间、小组学习空间和个人学习空间；③信息共享空间；④创客空间。其中，信息共享空间和创客空间是 20 世纪末以来，高等学校图书馆针对数字化资源的增长及信息获取方式的转变而开辟的新型图书馆空间。信息共享空间是向学生提供各种硬件、软件设施和各类图书馆数字化资源的一站式服务空间。这类空间由于硬件先进、软件齐全、资源丰富，又有专业馆员提供帮助，因而具有很高的利用率。创客空间是配备计算机、3D 打印机、各种软件和相关资源，支持创意发现与实验的空间。

开展图书馆利用培训，同时通过参考咨询服务为学生的信息获取提供一对一的辅导。有些图书馆甚至通过讲座、辅导等形式辅助其他通用技能的培养，如研究方法技能、写作技能、口头交流技能、计算机技能等。

高等学校图书馆也经常作为教学伙伴，参与计算机辅助教学课件的开发。在这方面，图书馆员的主要职责是评价、组织高质量的网络资源，形成嵌入课件的超级链接，设计检索图书馆电子资源的用户界面，提供虚拟咨询台，承担课件开发中的版权申请和管理任务等。

图书馆在教学支持方面开展的其他活动包括：①参与远程教育，为远程教育的学生提供用户培训、邮寄书刊、电话咨询、电子邮件咨询等；②参与学校的教学指导委员会，更多地就文献保障、信息技能课程等问题参与学校的教学决策；③参与制订教学计划和课程设计，以便将信息素养教育和其他教学支持服务嵌入课程。

（二）科研支持服务

科研支持服务指高等学校图书馆根据科研规律、科研活动周期及科研人员的需要，设计相应服务，最大限度地保障科研情境下的信息获取。

高等学校图书馆为科研活动提供的基础服务就是以外借阅览等方式为师生提供其科研活动所需信息。但与教学活动所需信息相比，科研活动所需信息异常广泛，更难预期。因此，为科研活动提供的信息保障特别强调即时文献提供，即图书馆从本馆的合作馆或商业化的文献传递机构为用户获取本馆未收藏的文献。

支持科研活动的第二项基础服务，是面向具体问题，提供有针对性的答案、线索、文献或其他帮助。需要针对性帮助的典型问题包括：有关馆藏资源和信息系统使用方法的问题、有关科研数据和开放存取资源提交方法的问题、文献使用中的版权问题、特定知识或事实的信息查询方法等。这类服务通常被称作参考咨询服务，有时也称信息服务。

支持科研活动的第三项常见服务，是辅助科研人员向机构资源库或其他开放存取中心提交数据及成果。21 世纪初以来，由于开放存取运动的推动，很多国家的研究资助机构开始要求科研人员在申请资助时，承诺将研究数据和成果提交给机构资源库或专门的数据管理中心和开放存取中心。一些图书馆除了针对相关政策提供咨询，还在提交过程中提供实际帮助，如元数据方面的帮助。

近年来，一些高等学校图书馆还开始尝试深度参与数字人文等研究活动。数字人文是将词频分析、社会网络分析、图像识别、数据挖掘等计算机技术应用于文本及图像分析，以此解答人文科学问题的研究方法。将计算机技术应用于各学科领域的研究问题并非人文科学首创，但图书馆却在数字人文领域看到了深度参与的机遇。这是因为，在很多时候，数字人文分析的对象，恰恰是图书馆收藏的数字化文献中的文本、图像等数据；其运用的计算机技术（如词频分析、数据挖掘），也恰恰是图书馆员的专长。除了为数字人文课题提供数据或技术帮助，有些图书馆员还作为合作伙伴参与整个研究活动，甚至独立主持数字人文课题。

高等学校图书馆还为科研活动提供其他支持，如信息素养培训、科技期刊评价、文献计量学研究等。一些高等学校图书馆还根据科研周期，通过学科馆员，为科研课题的不同阶段提供个性化服务。例如，在研究问题的构思和研究设计阶段，提供信息查询帮助；在课题申请阶段提供有关科研资助政策、数据管理计划等方面的帮助；在成果形成和传播阶段提供文献计量学、社交媒体、开放存取网站接入及成果提交方面的帮助。

六、高等学校图书馆的管理体制

高等学校图书馆的主管机构就是他们所在的高等学校。英美高校图书馆一般由特定副校长分管，并在该副校长主持下，设有图书馆委员会。图书馆委员会的职责随学校不同而不同，比较典型的职责包括：向相应的更高管理层（美国的学校董事会和英国的校务委员会和学术委员会）推荐图书馆馆长人选，评估图书馆服务并就图书馆事宜提出推荐意见。我国高等学校图书馆一般由分管教学科研工作的副校长负责。大多数分管副校长会聘请各学院（系）的代表组成图书馆工作委员会。图书馆工作委员会负责制订图书馆的长远规划、决定经费额度等。

负责图书馆日常运行的是图书馆馆长及其领导班子。馆长的主要责任包括负责图书馆日常运行中的业务决策，制订全馆的工作计划，制定图书馆预算，参与馆员聘用。图书馆馆长直接向分管图书馆工作的副校长负责。

我国在全国范围内负责高等学校图书馆管理、协调工作的是教育部。

七、高等学校图书馆的组织结构

就组织结构而言，高校图书馆与大型公共图书馆的结构相似。目前，最常见的组织结构是按业务活动组织的，由馆长到公共服务部及技术服务部，再到它们的分部的等级结构。

另外一种常见的组织结构是团队式的扁平结构。这是一种按服务对象、学科领域或其他标准组成工作团队的组织方式。典型团队包括服务于各学科群的团队（如科学团队、工程团队、社会科学团队、人文科学团队）和其他支撑性团队（如管理团队、流通服务团队、馆际互借团队、系统团队等）。各团队组长接受馆长直接领导，具有较强的自主权。

第五节 专业图书馆

一、专业图书馆的概念

专业图书馆指具有明确的专业属性、面向特定的专业化人群，提供相应学科领域或实践领域的信息和服务的图书馆，如医学图书馆、法律图书馆、企业图书馆等。它们通常隶属于特定的母体组织或资助组织，如研究机构、政府部门、学会、协会、博物馆、企业、医院、法庭等。

由于目标用户和所涉领域相对集中，专业图书馆服务的个性化程度、主动程度、信息加工处理深度都超过一般图书馆服务，20 世纪七八十年代以来，随着现代信息与通信技术的广泛引用，很多专业图书馆都更名为“信息中心”或其他名称，但只要他们保留了保障信息查询与获取的基本功能，不管其名称如何，依然属于“专业图书馆”的范畴。

20世纪50年代，我国成立了很多旨在对科学技术信息进行收集、组织、整理、分析、报道的机构，称为“科技情报研究所”（简称“情报所”），这些机构的核心业务是系统收集科技领域的国内外文献，提供给科技工作者获取利用，同时形成对其进行编译、报道和检索的工具，其业务和工作原理与专业图书馆高度相似。虽然自 20 世纪 90 年代以来，各地情报所都显著增加了情报分析、决策支撑及课题研究的比重，但他们对于保障科技信息的查询与获取，依然发挥着重要的作用。仅就保障信息查询与获取的职能而言，他们可以被视同科技图书馆。

二、专业图书馆的使命

专业图书馆的使命通常就是辅助其母体机构或资助者实现其目标。例如，研究机构图书馆的目标就是支持母体机构的知识创新；企业图书馆的目标就是帮助其母体机构营利。专业图书馆在母体机构中获得的支持和发展，不仅取决于它对其母体组织的贡献，也取决于母体组织总体目标的实现程度。一个企业图书馆即使对企业做出了非常重要的贡献，但如果企业不能营利，图书馆依然有可能成为最早被削减经费的部门。因此，专业图书馆不仅要保障组织内部对信息的有效查询与获取，还要最大限度地促进信息的有效利用，以辅助母体组织最大限度地实现最终目标。

三、专业图书馆的馆藏体系

专业图书馆的使命决定，其馆藏体系通常具有明确的学科焦点，因而其内容相对单一、明晰、一致，但由于力图对所涉学科领域的信息进行完整系统的收集，因而，专业图书馆的文献类型及来源常常比其他图书馆更加复杂多样，不仅包括公开出版发行的图书、期刊、数据库、网络资源等，也包括未公开出版发行的调研报告、统计资料、标准、专利、会议论文、内部交流文件、档案等。

四、专业图书馆的检索系统

为了保障信息的有效查询，辅助信息发现及有效利用，专业图书馆除了像其他图书馆一样对图书、期刊、研究报告等较大的文献单元进行组织整理，形成图书馆目录，还会深入到论文、专利、档案等层次，对信息进行深度揭示，形成功能相对强大的信息检索系统。专业图书馆也经常外购其他数据库产品，补充本馆馆藏目录。一些大型的专业图书馆，还对其所涉学科的所有文献进行组织整理，形成面向世界市场的大型检索工具，例如，美国国家医学图书馆开发的生物医药文献数据库，就是医学领域规模最大、权威性最高、应用最广的检索系统。该检索系统于 1964 年投入使用，主要提供医学及相关领域学术期刊论文信息。它同时也是互联网上可以免费使用的大型检索系统之一。

五、专业图书馆的服务设计

如上所述，专业图书馆的突出特点是目标明确（服务于特定组织的目标），领域单一（经常只涉及一个学科领域），因此，除了像其他图书馆一样向用户提供经过组织整理的文献，专业图书馆更注重设计高附加值的服务，以促进信息有效利用，这类服务之一就是提供基于信息分析的产品。专业图书馆的馆员通常具有其所服务领域的专业背景，可以跟踪相应领域的学术前沿，也可以对信息进行相对深入的分析、比较、评价，形成诸如现期通报、专题文摘，甚至文献综述等信息产品。这类服务之二就是针对特定组织成员或团队提供个性化服务。专业图书馆对其组织的战略方向、面临的问题、研发重点都比较熟悉，因而可以深度参与一些课题的研究，为其提供定题服务（即根据用户的特殊需求，定期检索最新文献，将满足不同需求的文献分送不同用户）。近年来，专业图书馆已开始涉足知识管理活动，对其所在机构的各类知识资产（包括记录于文献中的显性知识和蕴含在其成员经验中的隐性知识）进行组织和开发，以利机构内部的知识共享。

六、专业图书馆的管理体制与组织结构

专业图书馆的主管部门是它们各自的母体机构，例如，我国中国科学院文献情报中心的主管部门是中国科学院，中国社会科学院图书馆的主管部门为中国社会科学院。图书馆馆长向分管图书情报工作的机构领导直接负责。

专业图书馆的规模受其母体机构的性质和规模所决定，因此彼此差异很大。专业图书馆中不乏规模庞大、结构复杂的图书馆（如美国国家医学图书馆、中国科学院文献情报中心），但也有很多“一人图书馆”，不存在适应于专业图书馆的一般组织结构。

第六节　图书馆间的合作

一、图书馆合作的组织形式及发展历史

图书馆合作指两个或两个以上的图书馆，为了改善其用户的信息查询与获取效率及减少成本，本着互利原则，在文献采集与提供、信息组织整理、人员培训、服务等方面开展的共享或交换活动，有时也称“资源共享”。图书馆合作可以是非正式的资源共享活动，也可以是按正式协议或合同组织的合作；合作时间可以是短期的，也可以是长期的；合作区域可以是地方性的、全国性的或国际性的。当一组图书馆按正式协议或合同组织合作时，其组织形式通常被称为图书馆联盟（20 世纪 90 年代以前也经常称作图书馆合作网或图书馆网）。

图书馆界很早就认识到，没有任何图书馆能够满足其目标用户的所有信息查询与获取需要，因而很早就开始馆际合作。美国学者伍德沃斯将图书馆合作的历史追溯到 13 世纪：有事实表明，13 世纪的寺院图书馆之间已经存在手稿联合目录。18 世纪至 19 世纪，德国不少大学图书馆都开展了相当正规的合作项目，包括编制联合目录和交换出版物。19 世纪末，现代图书馆职业的形成更推动了图书馆合作的开展，新成立的图书馆协会和图书馆专业杂志都成为图书馆合作的积极倡导者。从 20 世纪初至中叶，很多图书馆都开展了以编制联合目录、馆际互借为内容的合作，有些图书馆还开展了联合采购文献的合作。

20 世纪 60 年代，计算机开始应用于图书馆，并迅速成为图书馆合作的新契机，使 60 世纪至 70 年代成为图书馆合作迅速发展的时期。

20 世纪 80 年代至 90 年代，信息技术，特别是网络技术的发展，再一次为图书馆合作提供了新机遇。从 90 年代开始，很多图书馆都将自己的联机目录连接到互联网上，使远程用户也能检索本馆馆藏，这为馆际互借的开展提供了更大的便利。同时，网络技术的发展也使图书馆之间传递文献的速度大为提高，至少从理论上说，把文本文件和经扫描形成的图像文件传递给馆际互借的申请

馆，只需很短的时间。此外，日益增多的数字化文献，使图书馆面临越来越多的“大宗”采购（如大型全文数据库），迫使图书馆不得不考虑集团购买的优势。这一切都极大地促进了图书馆合作的普及，到20世纪末，不仅各种图书馆合作组织的数量大幅度增长，而且，任何一个具体的馆都可能同时参加几个甚至更多的图书馆合作组织。

二、图书馆合作的目标

图书馆合作的目标是帮助图书馆更经济、更高效地履行其保障信息查询与获取的职责，使信息资源得到最大限度的开发和利用，使用户需求得到最大限度的满足，使整体效果大于部分（独立状态下的各图书馆）效果之合。

三、图书馆合作的内容

由于图书馆合作的规模和正式程度不同，因而其活动内容往往存在很大差异。同一个图书馆联盟的活动内容也可能因其成员馆或环境因素的改变而改变。经常被纳入图书馆合作范围的内容包括：

1. 合作建设馆藏体系：这是指图书合作组织在调研成员馆现有资源的基础上，根据各成员馆的资源优势，实行分工采购和协同采购等合作采购计划，以期达到既强化各成员馆的馆藏优势，又优化整体资源的效果。这里的分工采购是指每个成员馆根据事先确定好的分工，主要收藏自己承担的学科、语种、出版地区的文献，并与其他成员馆共享文献的合作活动。历史上最有影响的分工采购计划当属美国研究图书馆协会于1942年发起的、旨在分工采购外国文献的“法明顿”计划，该计划运行30余年，后来由于经费和协调上的困难，于1972年停止。协同采购指图书合作组织利用规模购买的优势，对成员馆普遍需求的文献，实行统一价格谈判，统一购买的采购方式，授权范围涵盖所有成员馆用户，这种采购方式也叫集团购买。

2. 合作开展馆藏文献数字化：将印刷式文献转化为数字化文献的过程是一个非常烦琐昂贵的过程，由此产生的费用再加上数字化过程中的其他费用（如版权费），使单个图书馆很难独立承担大规模的馆藏文献数字化。对于那些具有较大数字化处理意义的文献，图书馆合作组织可以开展分工数字化或集中数字化，建立共同的数字化馆藏。

3. 合作编目：在手工操作时代，编目是图书馆业务中最费工时的领域，即使在采用图书馆自动化系统以后，编目工作依然很耗费人力资源，所以，合作编目是图书馆为提高工作效率而开展的最早的合作内容之一。这种合作也有多种形式。其中，一种形式是分享编目成果，即对任何一份具体文献，只由一个成员馆（通常是最早获得该文献的馆）进行初始编目，其他馆只需将已有的编目记录纳入自己的目录体系即可，必要时可根据本馆情况进行适当调整。另外一种形式的合作编目是由图书馆合作组织集中进行编目，向各成员馆发放编目记录。第三种形式是图书馆合作组织以整体身份参加更大的编目组织（如OCLC），共同分享该编目组织的编目成果。

4. 共同组织整理网络资源：互联网上存在着大量有价值的文献，但是网络文献的特点之一是内容庞大、良莠混杂，因此，组织整理网上文献不仅涉及通常的文献分类、标引、描述，而且涉及文献筛选及质量评价。这是一项非常复杂的工作，为此，很多图书馆合作组织都协调其成员馆共同组织网络资源，共建共享网上文献导航库。1998 年以来，我国的高等教育文献保障系统（CALIS）就组织共建了多种学科的网上资源导航库。

5. 馆际互借 / 文献传递：馆际互借指图书馆根据用户的特定需求，从其他图书馆借阅本馆未入藏的资料，并根据互惠原则在其他馆提出借阅申请时，向申请馆出借文献的活动。目前，越来越多的图书馆利用网络技术传递期刊论文等篇幅较短的文献。网络环境下的馆际互借，也被称作文献传递。

6. 互借馆藏：互借馆藏是指图书馆根据协议或事先约定，向图书馆合作组织内的其他成员馆的用户直接出借本馆文献的合作活动，常见于地区性或专业性图书馆合作组织。互借馆藏协议通常需要就如何注册、如何催书、如何罚款、如何赔偿遗失图书、互借权范围（包括用户类型和文献类型）等做出明确规定，有些图书馆合作组织规定用户必须先在本馆借阅，只有当本馆藏书不能满足其需求时才能使用互借权。

7. 合作开展参考咨询：在合作开展的参考咨询服务中，图书馆可以将本馆馆员无法解答的用户咨询问题转给其他图书馆，请求对方帮助解答、从事这一活动的图书馆合作组织通常规定着转移问题的等级结构，要求咨询问题必须先在本地协作馆内尝试解答，本地图书馆无法解答的问题再逐级向上提交，直到问题得到解决。

8. 合作贮存文献：合作贮存文献的最常见形式是共同建立贮存图书馆，以便贮存、保管和提供利用那些利用率低、成员馆无力或无意长期保存的文献。除了为这些文献提供一个集中收藏的场所，贮存图书馆还开展基于其馆藏文献的复印、咨询、阅览等服务，也经常从事缩微胶卷 / 胶片的制作业务。

9. 联合培训馆员：图书馆合作组织通过设置专门的培训职务，或聘请外部专家，定期为成员馆组织培训班、研讨会等。

10. 合作开展研发项目：对于图书馆无力独立承担的研究项目、技术或产品开发项目、新技术和方法的试验项目，图书馆合作组织可以集中人力、物力共同承担。对于一些难度较大的研发项目，图书馆合作组织可以集资招标，委托专门的研究机构进行，例如，英国的医学图书馆组织每年都委托英国图书馆信息统计中心对其成员馆的活动进行统计分析。

11. 信息发布：图书馆合作组织可以通过通讯、电子邮件、电子公告板等形式向成员馆通报有关图书馆信息职业的最新动态，以支持其成员馆的独立决策。

四、正式的图书馆合作组织的管理体制

当图书馆按照正式协议或合同开展合作，其合作组织还需要配备合适的管理体制。正规的图书馆合作组织的管理体制通常包括以下层次：

1. 主管组织（governing group）：主管组织的责任是确保图书馆合作组织能够执行它的使命，完成它的既定目标，确保图书馆合作组织的运行符合公众的利益。主管组织的具体职责包括：确定图书馆合作组织的使命和运行政策，制定财务政策、管理合作组织的经费、为具体的合作项目提供活动经费、负责合作组织执行官的任免、保证成员馆交流渠道的畅通、确保合作章程或协定的执行。在国外，图书馆合作组织的主管部门一般是专门成立的理事会，理事会

成员主要从成员馆中选举产生，但大多数理事会也包括成员馆之外的图书馆员代表，有些理事会甚至包括图书馆职业以外的代表，如来自政府部门的代表、公司企业的代表。在我国，图书馆合作组织的主管部门一般是其上级主管部门（如高校图书馆合作组织的主管部门一般是教育部）或专门成立的协调组织。

2. 常务委员会：大多数图书馆合作组织在理事会之下设常务委员会，以便于成员馆之间更经常的交流、沟通和决策。根据伍德沃斯的观察，国外图书馆合作组织中比较常见的常务委员会有执行委员会、任命委员会、财务委员会等。

3. 指导委员会或顾问委员会：很多图书馆合作组织的主管部门会成立一个指导委员会对其政策制定、协作项目等进行咨询指导。指导委员会通常对图书馆合作组织不负有法律或财政职责。

4. 成员馆：在图书馆协作事宜上，图书馆成员馆需接受合作组织主管部门的领导。一般成员馆都设有专门处理图书馆合作事务的馆员职位，负责与合作组织的交流以及合作项目的实施。在理事会制的管理体制模式中，成员馆有权选举代表它们利益的理事会成员。

五、图书馆合作组织的结构

根据图书馆合作中决策及资源的流动方向，可以将图书馆合作组织的结构分为两大类：有总部的合作组织和无总部的合作组织。在有总部的图书馆合作组织中，成员馆通过总部的直接规划、领导和协调实现合作。我国的高等教育文献保障系统就是这样的图书馆合作组织，其总部设在北京大学。在无总部的图书馆合作组织中，两个或多个成员馆根据协议直接开展合作。成立于 20 世纪 70 年代的美国研究图书馆组织，最早的成员馆包括哥伦比亚大学图书馆、哈佛大学图书馆、耶鲁大学图书馆和纽约公共图书馆），就采用这样的组织结构。

参考文献

[1] 孟广均．孟广均国外图书馆与情报学研究文选 [M]．北京：海洋出版社，2017.07.

[2] 肖明．图书馆学情报学知识图谱研究理论、方法与应用 [M]．北京：中国书籍出版社，2017.05.

[3] 宁卓．图书馆与情报学发展研究 [M]．长春：吉林出版集团股份有限公司，2017.12.

[4] 黄如花，司莉，吴丹．图书馆学研究进展 [M]．武汉：武汉大学出版社，2017.09.

[5] 陆伟，查先进，姜婷婷．情报学研究进展 [M]．武汉：武汉大学出版社，2017.06.

[6] 谢威．新兴技术与科技情报 [M]．北京：北京邮电大学出版社，2017.11.

[7] 曾建勋．文献情报的焦虑 [M]．北京：科学技术文献出版社，2017.10.

[8] 李鹤飞，李宏坤，袁素娟．高校图书情报与档案信息管理 [M]．北京：经济日报出版社，2017.12.

[9] 王启云．图书馆学短论科学网图谋博客精粹 [M]．北京：知识产权出版社，2017.09.

[10] 肖明．国内图书情报知识图谱实证研究 [M]．北京：中国经济出版社，2017.05.

[11] 魏蕊．图书馆学情报学专业英语 [M]．天津：天津人民出版社，2017.06.

[12] 潘丽琼．图书馆信息资源建设与服务创新研究 [M]．长春：东北师范大学出版社，2017.04.

[13] 陈其翠．图书情报与信息资源开发 [M]．长春：吉林人民出版社，2017.11.

[14] 杜建林．高校图书馆信息服务创新研究 [M]．长春：吉林文史出版社，2017.06.

[15] 叶继元．图书馆学情报学学术规范与方法论研究 [M]．南京：南京大学出版社，2018.12.

[16] 夏丹，李娟．中国图书情报知识图谱研究 [M]．长春：吉林大学出版社，2018.08.

[17] 肖明．国外图书情报知识图谱实证研究 [M]．北京：中国经济出版社，2018.01.

[18] 张小娟．中国图书情报知识图谱实证研究 [M]．青岛：中国海洋大学出版社，2018.09.

[19] 唐勇，刘雅琼，赵萌萌．图书馆大数据视角下的学科前沿分析 [M]．北京：海洋出版社，2018.11.

[20] 刘春茂．网络情报学理论与实践 [M]．北京：中国社会科学出版社，2018.08.

[21] 徐慧芳，涂志芳．专业图书馆发展之道 [M]．北京：化学工业出版社，2018.09.

[22] 邓朝艳．高校图书馆情报服务对策研究 [M]．北京：现代出版社，2018.03.

[23] 刘洋，闫莉，张媛媛．图书情报与信息资源开发利用 [M]．长春：吉林人民出版社，2018.10.

[24] 宫宏光，汤珊红，常金玲．国防科技情报创新理论与方法 [M]．北京：国防工业出版社，2018.12.

[25] 刘宇清 . 现代化图书情报学探索 [M]. 长春：吉林摄影出版社，2018.07.

[26] 叶杨，许红婷，廖志豪 . 图书馆管理与档案信息资源利用 [M]. 长春：吉林美术出版社，2018.03.

[27] 杨君红 . 图书情报学理论整合与研究进展 [M]. 长春: 吉林大学出版社，2018.08.

[28] 陈越华，何生荣，陈小琴 . 图书馆资源管理与档案服务创新 [M]. 北京: 中国纺织出版社，2018.11.

[29] 郭萍 . 图书馆情报学理论研究 [M]. 北京：现代出版社，2019.05.

[30] 王启云 . 图书馆学漫笔 [M]. 北京：知识产权出版社，2019.11.

[31] 程树英 . 中国图书情报学科发展研究 [M]. 沈阳：东北大学出版社，2019.12.

[32] 郑燃 . 公共文化服务均等化视角下图书馆博物馆数字文化服务融合研究 [M]. 武汉：武汉大学出版社，2019.08.

[33] 王启云 . 新业态环境下高校图书馆专业馆员职业能力研究 [M]. 北京：知识产权出版社，2019.04.

[34] 王世伟 . 面向未来的公共图书馆问学问道 [M]. 上海：上海社会科学院出版社，2020.